親の離婚・再婚

こども法律ガイド

佐藤香代　池田清貴　植田千穂 著

まえだたつひこ 絵

子どもの未来社

はじめに

　こんにちは！　はじめまして。この本は、弁護士3人で書きました。
　みなさんは、離婚というものについて考えたことはありますか。
　将来の結婚について考えることはあるかもしれませんが、その先の離婚となるとイメージはわかないかもしれません。

　でも、親の離婚を経験した人や、これから親が離婚しそうで不安な人などは、親が離婚したらなにが変わるんだろう、「親権者」を決めるってどういうことだろう、裁判になったらなんだかこわいな、といったことを切実に考えているかもしれませんね。
　この本では、そうしたことについて、第1章「そもそも結婚ってなに？」というところから、わかりやすく解説していきます。
　第2章では、離婚とはどういうことか、それによってどんなことが起こるのかを、第3章では、「親権」とはどう

いうものか、どうやって決めるのかなど、法律が新しく変わることもふくめて解説しました。

第4章では、もし、夫婦だけで離婚の話し合いがうまくいかない場合には、家庭裁判所に相談すること、その先、どのように話し合いが進んでいくのかを説明します。

第5章では、離婚のあと、もし、親が再婚した場合のことを解説しました。

第6章では、実際に親が離婚した子どもの話を読んで、あなたの人権や権利について考えます。

親が離婚するとき、いちばん大事に考えなければならないことは、子どもの「利益」です。

子どもができるだけ傷つかないようにするにはどうしたらいいか、親が離婚した後もどうしたら子どもは安定した生活が送れるか、離れてくらす親との交流をどうするのかなどを、子どもの気持ちをちゃんと聴いて、考えていく必要があるのです。

私たち3人の弁護士は、こうした子どもの守られるべき「利益」のことをつねに考えながら、この本を書きました。

この本が、みなさんの疑問や不安に応えることができるものであればいいなと思っています。

もくじ

はじめに……… 2

第 1 章 「結婚する」って、どういうこと？ ……… 7

結婚はどうすればできる？ ……… 8
　民法　739条 ……… 9

結婚にはルールがある？ ……… 12
　民法　731条／750条／752条 ……… 13

結婚のルール・その2 ……… 17
　民法　760条 ……… 18

第 2 章 「離婚する」って、どういうこと？ ……… 21

離婚ってどうやってするの？ ……… 22
　民法　763条 ……… 23

子どもと親の関係はどうなるの？ ……… 26
　民法　819条／766条 ……… 27

いろんな面会交流 ……… 30

子どもの名字は変わるの？ ……… 31
　民法　767条／791条 ……… 32

生活費や教育費はどうなる？ ……… 34
　民法　877条／766条 ……… 35

財産分与って、なに？ ……… 37
　民法　768条 ……… 38

第 3 章 「親権」って、なに？ ……… 43

親権って、どんなこと？ ……… 44
　民法　820条／821条／822条／823条／824条 ……… 45

だれが親権者になるの？ ……… 49

親権は制限や停止されることがある ……… 53

共同親権になった・Kさんの場合 ……… 56

第4章　夫婦でうまく話し合えない時は？ ……… 57

夫婦だけで決められない場合は？ ……………………… 58
調停って、なにをするの？ ………………………………… 61

どんなふうに調査するの？・Gさんの場合 …… 64

訴訟って、裁判をすることなの？ ……………………… 65
子どもも意見を言ったり、手続きに参加できる？ …… 69
　民法　766条／771条　家事事件手続法　65条 …… 70

子どもの手続き代理人・Eさんの場合 ………… 74

第5章　親が再婚するとどうなる？ ……………… 75

親の再婚相手との関係 …………………………………… 76
養子縁組をすれば、親子になるの？ ………………… 80
　民法　798条／797条／810条／818条 …… 81
離縁って、親子の縁を切ること？ …………………… 84
　民法　811条／814条 …………………………… 85

親が離婚して再婚した・Tさんの場合 ………… 88

第6章　あなたには「子どもの権利」がある ……… 89

親の離婚を経験したカオリさんの話 ………………… 90
生きていくうえで、とても大切な「人権」 …………… 93
大切な3つの権利を考えてみよう …………………… 95
子どもには子どもの権利がある ……………………… 98
意見表明権はとても大事 ……………………………… 100
こども基本法ができた！ ……………………………… 102
裁判所も子どもの意見を聴いてくれる …………… 104
権利が守られていないと気づいたとき …………… 105

おわりに（大人のみなさんへ） ……………… 110
資料「民法・家事事件手続法」 ……………… 114

5

この本に登場する人たち

＊親の離婚や再婚にかかわる法律と子どもの権利について、教えてくれたり、相談にのってくれたりする弁護士さんたち。

佐藤香代先生

池田清貴先生

植田千穂先生

＊みんなにわかりやすい解説をしてくれるよ。

ペンペン　　よろしくね！

【注】
＊ 本書に出てきた法律の原文は巻末に掲載しています。
＊ 2025年以降に法律の改正が予定されています。それを踏まえて解説しています。

第 1 章

「結婚する」って、どういうこと？

結婚はどうすればできる？

この章では、まず、結婚について、佐藤弁護士さんにいろいろきいていくよ。結婚ってさ、好きな人ができたらプロポーズして、ＯＫだったら、みんなを呼んで結婚式をするんだよね。

結婚式はしなくても、法律で決められた手続きをすれば結婚はできるんだよ。結婚は、民法という法律で定められた「法律行為」の1つだからね。

佐藤

え！ 結婚って、法律で決められているんだ。どういう手続きがあるの？

民法ってなに？

　法律の中でも、私たちが生活を送る中での人と人とのルールについて定める法律を「私法」と呼ぶよ（これに対して、国や行政機関と私たちとの間について定める法律は「公法」と呼ぶ）。
　民法は、私法の中でもいちばん基本的な法律で、人と人との間で起きるさまざまな法律問題について、それぞれの人の権利や義務を定めている。たとえば、「アパートを借りる契約」をした時の、借りる人と貸す人がそれぞれ守らなければならないルールや、人にけがをさせてしまったときにどのような弁償をするか、など…。「結婚」についても、民法で定められているんだよ。

民法

739条（婚姻の届出）

1. 婚姻は、戸籍法という法律が定めたルールに従った届出をすることによって、その効力を生じます。
2. この届出は、結婚する2人と2人以上の成人の証人が署名して書面でするか、これらの者からの口頭で、しなければなりません。

法律解説　結婚の手続きは？

　民法739条が定める届出、つまり「婚姻届」を役所に提出します。婚姻届には、結婚する2人の氏名・生年月日・本籍地・住所などを書きこみます。

　婚姻届を出すときには、2人の証人が必要になります。日本では、結婚した夫婦は、妻と夫のどちらか一方の名字を名乗るという決まりがあるので、どちらの名字を夫婦の名字にするかを決めます。

　結婚すると、夫婦2人だけの新しい戸籍が作られるので、そのための2人の本籍地を決めます。新しい本籍地は、日本国内ならどこでもよいのです。

「証人」って、「2人がたがいに結婚する意思があること」を証明してくれる人のことなんだって。婚姻届に2人以上が署名するか、言葉で証明するんだ。証人がいないと婚姻届を受けとってもらえない。証人は、成人（18歳以上）で、2人に結婚する意思があることをわかっている人ならだれでもOKだよ。

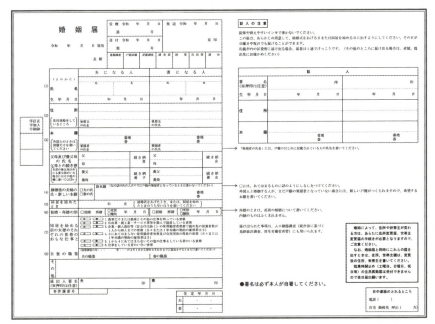

婚姻届の見本

> **キーワード** 戸籍と本籍地
>
> 　戸籍は、人が生まれてから死ぬまでの家族の関係が公的に記録されている書類で、役所が保存している。戸籍を見れば、その人の家族の関係がわかるし、証明書としても利用できるんだ。
> 　基本的に、夫婦とその子ども（未婚）を単位として作られるので、結婚すると、夫婦の新しい戸籍が作られて、2人が夫婦になったことが記録されるよ（戸籍法16条）。子どもが生まれたら、夫婦と同じ戸籍に記録されるんだ。
> 　本籍地というのは、戸籍を登録する場所で、日本国内の市区町村から選べるんだ。今、住んでいない場所に置くこともできるよ。

ところで、男どうし、女どうしの結婚って、できるのかな？

　日本国憲法24条では、「婚姻は、両性の合意のみに基づいて成立し、夫婦が同等の権利を有することを基本として、相互の協力により、維持されなければならない。」としているよ。

　昔は、本人ではなく家どうしで結婚相手を決めたり、結婚をした後も妻よりも夫を優遇するような法律もあったの。でも今は、本人どうしがしたいと思えば結婚はできるようになったし、男の人がえらくて女の人がそれに従うというのではなく、夫婦は同じ権利をもっていることも憲法に書かれているんだよ。

　では、「両性の合意のみに基づいて」というのは、男性どうしや女性どうしの結婚は認められていないっていう意味かというと……。同性どうしで結婚ができないのはおかしい、と考える人たちが、日本のいろんな場所で裁判を起こして、各地の地方裁判所が出した結論は分かれていたんだ。

　けれど、2024年には、地方裁判所よりも一つ上の高等裁判所で、初めて「同性どうしの結婚を認めていない制度は憲法に違反する」と判断されたの。この判決は、憲法が作られた時代には同性どうしの結婚が考えに入っていなかっただけで、憲法は人と人との自由な結婚を認めているという考えを示したんだよ。

結婚にはルールがある？

結婚には、守らなければいけないルールがあるって、ホント？

そう、法律で決められたルールがいくつかあってね、なかでも一番大切なのは、2人で助け合っていっしょにくらしていくということだね。ほかにも、名字を決めたり、生活をするためのお金を分担したり…など。

へえ、いろいろあるんだね。
そのルールについて教えてください。

民法

731条（婚姻適齢）

婚姻は、18歳にならなければ、することができません。

750条（夫婦の名字）

夫婦は、婚姻の時に、夫または妻、どちらの名字を使うかを決めます。

752条（同居し助け合う義務）

夫婦はいっしょにくらして、たがいに助け合わなければなりません。

法律解説 › **結婚したカップルの権利と義務**

18歳にならないと結婚できない

　成人年齢が20歳だったころは、未成年者でも、父母の同意があれば男性は18歳、女性は16歳で結婚できました。その後、2018年に、成人年齢が18歳に引き下げられたことで、結婚できる年齢は男女とも18歳になり、父母の同意も必要なくなりました。

どちらか1人の名字を名乗る

　日本では「夫婦同姓」といって、結婚すると、妻か夫どちらか1人の名字を名乗らないといけません。世界には、今までの名字を名乗り続けたり、妻と夫の名字をくっつけて新しい名字を作ったりできる国もあります。日本でも、夫婦でもべつべつの名字を名乗れるようにするほうがいいんじゃないかと、話し合われています。

法律解説 つづき　結婚したカップルの権利と義務

いっしょにくらして助け合っていく義務がある

　民法752条では、結婚したカップルは、いっしょに生活をして、家事や育児を助け合うことを求めています。

結婚すると、いろいろな法律のルールを守る責任が出てくるから、世界のどの国でも、ある程度、成長してからじゃないと結婚は認められていないんだって。日本の場合は18歳なんだね。法律で定められている結婚できる年齢を「結婚適齢」と言うんだって。
ところで、夫婦が同じ名字しか選べないのは日本だけってほんとう？

　そうだね、世界の中で日本だけが、法律で夫婦は同じ姓になると決まっているんだ。つまり、男性か女性のどちらかの名字が変わるということだね。名字が変わってうれしいと思う人もいれば、運転免許証や銀行口座などをぜんぶ変更するなど、手続きは面倒だよね。これまでの自分とはちがう自分になった気がする人もいれば、結婚はプライベートな出来事なのに名字を変えたらみんなに知られてしまう。これっておかしくない？って思う人もいる。

そして、夫婦どちらの名字を名乗るのかは選べるのだけど、2020年の統計でも95％以上のカップルが夫の名字を名乗っている。つまり、名字が変わることで起きるいろんな不都合に対応するのは、多くの場合、女の人ってわけだね。これって夫婦が平等と言えるのかな？

　世界をみると、夫婦同姓と夫婦別姓のどちらかを選べたり、夫婦別姓を原則としていたり、夫婦の名字をくっつける「複合姓」を使用することができる国もある。だから国連は、夫婦同姓を義務付けるのは女性を差別しているとして、この法律を改正するように勧告しているんだ。

　国内でも、この制度が不平等だと裁判で争われているよ。**最高裁判所**は、2015年と2021年の2度にわたって、「夫婦同姓制度は日本国憲法違反ではない」と判断したけど、新しい判決では、「憲法違反だ」と考えた裁判官の数が増えている。社会でも「別姓を選べるほうがよい」と考える人が増えていて、議論は今後も続くだろうね。

キーワード　最高裁判所

　日本国憲法第76条では、私たちの国の司法権は、最高裁判所と、その下に設置された下級裁判所にある、とされている。

　司法権とは、裁判を通して判決を言い渡す権限のことで、法律をめぐって争いが起きたときに、どのように法律を当てはめて白黒をつけるかを決めることができるということ。判決によって、社会の中のルールをはっきりさせることを期待されているよ。

　最高裁判所は、その司法権を担う裁判所の中で一番上の裁判所だ。

「入籍」していない場合はどうなる？

　婚姻届は出していないけれど、おたがいに愛し合って、長い間家族のようにくらしていたり、2人の間に子どもがいるような、外から見れば夫婦とまったく変わりなく見えるカップルもいる。そのような、法律上は婚姻していないけど、夫婦同然のカップルを、「内縁」という。

　このようなカップルも、実際には夫婦のように社会の中で生活をしているのだから、結婚しているカップルに認められている社会制度や、法律上の結婚に関するルールを当てはめたほうが良い場合がある。そこで、「内縁」と認められると、婚姻しているカップルと同じように、婚姻費用を分担し合う義務など（18ページを見てね）、いくつかの民法のルールに従わなくてはならなくなるんだよ。

　けれど、たとえば、夫婦は同じ名字を名乗らなければいけないというルール（民法750条）などは、内縁カップルには当てはまらないんだ。また、内縁の場合、カップルの戸籍はべつべつだから、2人の間に子どもが生まれたら、基本的に子どもは母親の戸籍に入り（戸籍法18条2項）、母の名字を名乗ることになる（民法790条2項）。もし、子どもが父親の名字を名乗りたい場合は、家庭裁判所の許可を得て、父親の名字を名乗ることもできるんだ。

　また、子どもの親権者（第3章を参考に）には、基本的に母親がなるけれど、父親が子どもを認知＊し、両親の話し合いで父親を親権者と決めた場合、または裁判所が話し合いに代わる審判をした場合は、父親がなることができるんだ。

＊認知／婚姻していない男女の間に生まれた子を、男性が自分の子であると認めるための手続き。認知をすると男性とその子との間に親子関係が発生する（民法779条）。

結婚のルール・その２

結婚した２人は、いっしょに住んで、協力しあわないとならないんだね。

そう。以前は、夫が外で働いて、妻が家で専業主婦をする家庭も多かったけど、今は、２人とも働く夫婦がふえているね。妻と夫がどんな家庭をつくっても、守らなければならないルールはまだあるんだよ。

え、もっとあるの？　どんなこと？

民法

760条（婚姻費用の分担）

夫婦は、それぞれの財産や収入などの事情を考慮して、婚姻生活に必要な費用を分担します。

法律解説 ▶ ## 結婚したカップルの権利と義務

婚姻費用を支払う義務がある

結婚したカップルは、自分が持っている財産や収入などの事情を参考にしながら、家族の生活のために必要なお金を分担し合う義務があるとされています。これを「婚姻費用の分担」といいます。

「婚姻費用」はどうやって決めるのか？

生活費の分担をどうするか、夫婦で話し合っておたがいに納得していれば、何も問題はありません。

でも、もしお父さんとお母さんがケンカして、お父さんが家を出て1人ぐらしを始めてしまい、お金を払ってくれなくなった時は、お母さんはどうしたらよいのでしょう。

このような時、お母さんは、お父さんを相手にして、家庭裁判所に調停を申し立てて、お父さんが支払う必要がある婚姻費用の金額を決めてもらうことができます。

そして、最高裁判所は、婚姻費用の問題が起きたときに、なるべく早く金額が決められるように「養育費・婚姻費用算定表」を公表しています（次ページQRコード参照）。

最高裁判所が公表している算定表の中から、自分の家族の家族構成と同じ表を見つけて、婚姻費用を払う人（義務

者）、もらう人（権利者）の収入をあてはめれば、婚姻費用のおおよその目安がわかります。

➡ 裁判所のホームページ　平成30年度司法研究（養育費、婚姻費用の算定に関する実証的研究）の報告について

何か事情があってべつべつにくらしている夫婦も、生活に必要な費用は、2人で分担して出さなければならないんだって。たとえば、お父さんが単身赴任をしているとか、何か事情があって家を出て行ってしまった場合は、お母さんは、お父さんに対して、「婚姻費用」を支払うように求めることができるんだよ。

そのほかにも結婚のルールがあるから、続けて読んでね。

> **法律解説** 結婚したカップルの権利と義務

浮気をしてはいけない

　夫婦は、おたがいに浮気や不倫をしてはいけないという義務を負っています。もし、結婚相手に浮気や不倫をされてしまったら、離婚するように求めたり（民法770条1項1号）、慰謝料の支払いを求めることができます（第2章39ページも参考に）。

相手が亡くなったときに、財産を相続することができる

　相続とは、亡くなった人の財産を、その人の家族や親しい人たちに分けるための制度です。財産を相続できる人たちのことを「相続人」、法律が定める相続人を「法定相続人」といいます。亡くなった人に妻や夫がいる場合、その妻や夫は、優先的に相続を受けられます（民法903条）。

なるほど。結婚は法律で決まっていることで、ルールもあるってことがわかったよ。

第 2 章

「離婚する」って、どういうこと？

離婚ってどうやってするの？

結婚は、やめることもできるってきいたんだけど。

そうだね、結婚をやめることを離婚というよ。たとえば夫婦の性格が合わなかったり、どんなふうに生活するかということへの考え方がちがったりすると、結婚を続けていくのがむずかしい場合があるね。

植田

離婚するにも、法律的な手続きが必要なの？

民法

763条（協議上の離婚）

夫婦は、2人の話し合いで、離婚をすることができます。

法律解説 ▶ ## 離婚を決めた場合

　離婚とは、結婚していっしょにくらしていた夫婦が、その約束をとりやめて、以後、べつべつに生活していくことをいいます。

　離婚は、夫婦が話し合って決めることができます。夫婦の話し合いのことを「協議」とよび、話し合いで離婚をすることを「協議離婚」といいます。

　手続きとしては、役所に「離婚届」を提出すれば、離婚になります。

　もし、夫婦の意見がちがって話し合いがまとまらなければ、家庭裁判所で「調停」という手続きを行ったり、裁判をしたりすることになります（➡第4章へ）。

　離婚をすると、結婚のルール（12ページ）を守らなくてよくなりますが、生活をべつべつにするにあたり、2人の間で決めることがさまざま出てきます。

> 離婚の手続きについてはわかったよ。けど、親が離婚することになったら、子どもは不安になるよね。

> そうだね。たとえふだんから、お父さんとお母さんがあまり仲よくなくて、「もしかしたら離婚するかも」って思っていたとしても、いざ「離婚」ときくと、気持ちの整理がつかないときがあるよね。
> そういう場合は、信頼できる大人に、あなたの気持ちを聴いてもらうといいよ。電話相談を利用するのもいいね。東京では、弁護士が電話相談を受け付けていて、相談をする人の秘密を守りながら聴いてくれるから、安心して話せるよ。

○「子どもの人権110番」(東京弁護士会)
　TEL：03-3503-0110
　時間：月〜金曜日 13:30〜16:30　17:00〜20:00、
　　　　土曜日 13:00〜16:00

○「子どものための法律相談」(第一東京弁護士会)
　TEL：03-3597-7867
　時間：毎週土曜日(年末年始を除く) 午後3時から6時まで

○「子どもの悩みごと相談」(第二東京弁護士会)
　TEL：03-3581-1885
　時間：火・木・金(祝祭日・年末年始を除く) 15:00〜19:00
　面談相談 予約TEL：03-3581-2257
　　　　時間：火・木・金(祝祭日・年末年始を除く)
　　　　　　　15:00〜17:00

> がまんしなくていいんだよ

　離婚は、これまでいっしょに生活してきたお父さんとお母さんが、くらしをべつべつにするという大きな決断だ。2人の仲が悪くなってしまったのなら、今までも、言い合いやけんかを見てきたかもしれない。それでも、今まで家族だった人たちが別れるのは、さみしいし、悲しいよね。

　そんななか、離婚するには、いろいろなことを話し合って決めなければいけないし、これからの生活のためにやることもたくさん出てくる。だから、お父さんとお母さんは自分たちのことでたいへんで、子どものあなたの気持ちを思いやったり、きちんと説明してあげられなかったりする場合もあるんだ。

　さらに、大人が食事や洗濯などの家事が手につかなくなってしまうこともある。そんなとき、もしかすると、子どもであるあなたがかわりに家事をしたり、弟や妹の世話をしなければならなくなって、遊んだり勉強したりする時間がなくなってしまうかもしれない。

　もし、あなたが、親の離婚のことでこまることが出てきたら、えんりょしないで、学校の先生、親戚の人、近所の人など、自分が話しやすい人に相談してほしい。

　身近に相談できる人がいなかったら、それぞれの地域に、子どもや家庭に関する相談を受け付けている機関があるよ。東京都では「子ども家庭支援センター」、地域によっては「子育て支援課」という名前のところもある。学校の先生や、話しやすい大人に相談場所をきいてみるのもいいね。

　また、「児童相談所」では子どもに関する問題をあつかっていて、「**189**」にダイヤルすれば地域の児童相談所につなげてくれる。

　離婚に向けてつらい気持ちになったり、たいへんそうな親を見ていると助けたいと思ったり、もしかすると親が離婚するのは自分が悪かったせい、なんて考えたりするかもしれない。でも、離婚は親の問題で、あなたのせいではない。子どもには、安心・安全な環境で成長のために必要なケアを受けて、自分らしく育つ権利があるんだよ。それをわすれないでね。

子どもと親の関係はどうなるの？

お父さんとお母さんがべつべつにくらすことになったら、子どもはどうなるの？

親は、離婚するときに、子どもを離婚後にどのように育てていくか決めなければならないんだ。今の法律では、子どもを育てていく「親権者」を、夫婦のどちらかに決めることになっている。でも、子どもはいっしょにくらしていない親とも、時間や回数を決めるなどして、会うことができるよ。

そうなんだ。離婚しても、親子であることにかわりはないもんね。

民法

819条（離婚などのときの親権者）

1 父母が話し合いで離婚をするときは、その話し合いで、夫婦のどちらか一方を親権者と定めなければなりません。

2 以下略

766条（離婚後の子育てに関することがらを決めること）

1 父母が話し合いで離婚をするときは、子どもを育てていく人、父または母と子との面会及びその他の交流、子どもを育てていくための費用の分担、その他の子育てについて必要な事項を、話し合って決めます。この場合、子の利益をもっとも優先して考えなければいけません。

2 以下略

2章
「離婚する」って、どういうこと？

法律解説 ▶ **どちらか1人が親権者になる**

結婚している夫婦はどちらも「親権者」として、子どもの身の回りの世話をしたり、財産を管理したりして、子どもを育てます。この権利や義務を「親権」といいます（➡親権については第3章を見てください。2024年12月現在の法律では、どちらか1人しか親権者になれないので、離婚するときに親権者を決めなければいけません）。

離婚後、子どもは、親権者になった親とくらすことが多いですが、親権者でないほうの親が、親としてふさわしくないとか、子どもの親ではなくなるということではありません。親権がないだけで、どちらもその子どもの親であることに変わりはないのです。

法律改正と共同親権

　2026年ごろには法律が変わり、離婚する夫婦は、どちらか1人を親権者にするか、それとも2人とも親権者にするか、そして2人を親権者にする場合、どのようなことを分担するのかを、話し合って決めることができるようになる（➡くわしくは第3章へ）。

　子どもと離れてくらしている親は、「面会交流」ができるって、きいたよ。子どもと定期的に会ったり、電話や手紙のやりとりをしたり、子どもの通知表や写真をもらって、子どもの状況を知ったりするんだよね。
　べつべつにくらす親とも、会ったり話したりできれば、子どもは、自分は愛されているな、気にしてもらっているんだなって、思えるよね。そうすると、不安やさみしさが減るんじゃないかな。それに、いっしょに住んでいる親には言えないことも話せるかもしれないよね。面会交流は、子どもにとっていいことに思えるね。

　そうだね。夫婦で話し合って面会交流の方法を決めるときには、子どもにとってなにがいちばんいいか（子どもの最善の利益）を考えなければならないんだよ。
　やり方は柔軟に決めることができる。たとえば、毎週会うこともあれば、半年に1回のことも、夏休みや冬休みの間だけということもある。部活や勉強などの子どもの予定に合わせて決めることもできる。成長に合わせてやり方がかわることもあるよ。
　会う場所も、離れてくらす親の家や、町や、出かけたい場所など、いろいろな選択肢があるね。

親が子どもの気持ちにまかせることでたがいに納得したならば、子どもの意見を反映してもらうこともできるから、自分はどういう方法でやりたいか、両親に話してみるといいと思うよ。
　でも、もし、夫婦の話し合いがまとまらなければ、家庭裁判所での手続きを経て、面会交流の方法が決められる場合がある（➡第4章）。

え？　それって、どういう場合なの？

　たとえば、親どうしが対立しあっていて、子どもが板ばさみになっている場合や、一方の親が威圧的で子どもがこわがっている場合などは、面会交流が子どもにとってよくない影響をあたえるかもしれないよね。そんなときは、家庭裁判所が判断をして、面会交流を行わないことにしたり、回数や方法を制限したりすることもあるんだよ。

法律改正と面会交流

　現在の法律では、お父さんとお母さんしか、裁判所を通じて面会交流を求められない。ところが2026年ごろには法律が変わり、おじいちゃんやおばあちゃん、おじさんおばさんといった親戚たちも、面会交流を求めて、裁判所で話し合いができる可能性が開かれるよ。

いろんな面会交流

Aさんは、離れてくらすお父さんに、週末ごとに見たい映画をリクエストして、いっしょに映画を見てからごはんを食べて、お母さんのいる家に帰ります。

BさんとCさんのきょうだいは、月に1回、パパとショッピングモールで遊んだあと、パパ側のおじいちゃん、おばあちゃんとみんなでごはんを食べます。クリスマスや誕生日にはお出かけして、パパがプレゼントを買ってくれます。最後は、駅のホームで待っているママといっしょに、家に帰ります。

Dさんは、連休になると、離れてくらすお父さんの家に行って泊まり、朝早くから遊園地に遊びにいったりします。夏休みも、何日か続けてお泊まりしました。お父さんが遠くに住んでいるので、家まで行くのは小旅行みたいです。

そのほかにも、両親がいっしょに子どもとお出かけするケースもあります。ぎゃくに、親どうしが顔をあわせられない事情があるときは、面会交流の手伝いをする団体のスタッフさんにお願いして、送りむかえをしてもらうケースもあります。スタッフさんもいっしょに交流の場にいることもあります。

また、離れてくらす親に、野球の試合や、学校の運動会に応援に来てもらったり、ぎゃくに親の職場に、職業体験に行ったりする子もいます。

こんなふうに、面会交流にはさまざまなやり方があるので、自分はどんなふうに離れた親とすごしたいかを考えてみてください。

子どもの名字は変わるの？

離婚して、親がべつべつの名字になったら、子どもはどうなるの？

子どもの名字は基本的にはそのままだけど、変えることもできるんだよ。

そうなんだ。くわしく教えて。

民法

767条（離婚後の名字）

1 結婚によって名字を変えた夫または妻は、話し合いで離婚することにより、結婚前のもとの名字にもどります。

2 結婚前の名字にもどった夫または妻は、離婚の日から3か月以内に戸籍法のルールに従って届け出ることによって、結婚していた間に名乗っていた名字を引き続き名乗ることができます。

791条（子どもの名字の変更）

1 子どもが父または母と名字がちがう場合には、子どもは、家庭裁判所の許可をもらって、戸籍法のルールに従って届け出れば、父または母と同じ名字を名乗ることができます。

2 以下略

法律解説 > ## 両親と子どもの名字

　結婚するときに名字を変えた人は、離婚すると、原則として、結婚前の名字にもどることになります。

　たとえば、「佐藤」さんと「鈴木」さんが結婚して、家族で「佐藤」を名乗っていた場合を考えてみましょう。

　2人が離婚すると、結婚前に「鈴木」さんを名乗っていた人は、離婚後にもとの名字である「鈴木」を再び名乗ることになります。

　ただ、もし離婚後も名字をもとにもどしたくない場合は、離婚の日から3か月以内に、「戸籍法」という法律に従って

届出をすれば、そのまま同じ名字を名乗ることができます。

　では、子どもの名字はどうなるかというと、基本的に、生まれた時から名乗っていた名字のままとなります。この例だと、片方の親の名字が「鈴木」にもどっても、子どもの名字は「佐藤」のままで変わりません。

　けれど、その子どもが離婚後に「鈴木」と名乗るほうの親とくらすことになった場合、いろいろ不便なことも出てくるでしょう。そのような場合は、家庭裁判所に許可をもらって、戸籍法に従って届出をすれば、「鈴木」と名乗ることができるようになります。

　この手続きは、子どもが15歳以下の場合は、親権者となった親が代わりにすることができ、15歳以上なら自分でできます。

　さらに、手続きによって名字を変えた子どもは、成人してから１年以内に市区町村役場に届け出れば、もとの名字にもどすこともできます。親の離婚後、「佐藤」から「鈴木」に名字を変えたけれど、成人して「佐藤」に変えたいという場合は、「佐藤」にもどすことができるということです。

2章

「離婚する」って、どういうこと？

33

生活費や教育費はどうなる？

親が離婚したら、生活にかかるお金はどちらがはらってくれるのかな。子どもにとっては、進学にかかるお金も将来に関係する大事なことだよね。

そうだね。離婚をして子どもと離れてくらすことになった親も、親として、子どもが大きくなるまでにかかるお金は出さなければならないんだよ。

そうなんだね。
そのお金はいくらくらいなの？　どうやって決めるのかな？

民法

877条（扶養義務者）

1　血のつながった親子関係がある人や兄弟姉妹は、たがいに扶養をする義務があります。
2　以下略

766条（離婚後の子育てに関することがらを決めること）

1　父母が話し合いで離婚をするときは、子どもを育てていく人、父または母と子との面会及びその他の交流、子どもを育てていくための費用の分担、その他の子育てについて必要な事項を話し合って決めます。この場合においては、子の利益をもっとも優先して考えなければいけません。
2　以下略

法律解説 ▷ ## 生活費はどうなる？

　離婚をすると、子どもは一方の親とくらしていくことが多いですが、離れてくらす親も、子どものくらしや成長に責任をもち、子どもが生活にこまらないようにしなければなりません。これを「扶養」義務といいます。

　扶養義務は、離れてくらす親が、自分の生活に余裕のある範囲で助けるレベル（生活扶助義務）ではなく、自分が生活にこまった場合も、少なくとも自分と同じくらいの生活を子どもができるようにしなければならないレベルのもの（生活保持義務）と考えられています。

　子どもとくらす親は、離れてくらしている親に対し、子どもが成長して自分で生活できるようになるまで、子ども

を育てるための費用として、定期的にお金を支払うことを要求できます。このお金を「養育費」といいます。

　子どもを育てるためのお金は、毎日の生活のために必要だね。でももし、離婚の話し合いが長引いて、その間もお金をもらえないとこまるよね。だから、養育費の金額をなるべく早く決めて支払ってもらえるように、算定の目安になる表が家庭裁判所のHPに公開されているんだよ。子どもの人数・年齢、それぞれの親の収入がわかれば、養育費の金額のおおよその目安がわかるんだ。

養育費って、ちゃんと支払ってもらえるのかな？支払ってもらえなかったらこまるよね。

　子どもの親である以上支払う義務があるんだけど、残念ながら、支払われないこともある。そんなときは家庭裁判所で手続きをすれば、裁判所から支払いの催促をしてもらえる。また、一定の場合には、地方裁判所に対して、「強制執行」といって、強制的にお金を得られるようにする手続きの申し立てができるよ。そうすれば、養育費を払う人の銀行預金などの財産を差し押さえられることもある。
　また、「間接強制」といって、支払いがきちんと行われるまで、ペナルティとして追加でお金を支払うように命じる方法もあるよ。

法律の改正と養育費

　2026年ごろには法律が変わり、親が子どもを扶養する義務について条文でより明確に定められることになる（改正民法817条の12）。また、夫婦が養育費について話し合いをしないで離婚した場合にも、「法定養育費」として支払いを求めることができるようになる（改正民法766条の3）。
　さらに、養育費がきちんと支払われるようにするための制度が広がるんだ。

財産分与って、なに？

今まで住んでいた家やマンションはどうするの？車は？ 家族で使っていたものはほかにもあるよね。

　離婚するときには、財産をどう分けるかも夫婦で話し合って決めるんだ。それを「財産分与」と言うよ。たとえば、家をどちらかがもらうか、家を売ってお金で分けるか、財産を分ける話し合いはけっこうたいへんなんだよ。

民法

768条（財産分与）

1. 話し合いで離婚をした夫婦の一方は、もう一方に対して、財産を分けるように求めることができます。
2. 財産を分け合うことについて、話し合いがまとまらないとき、あるいは話し合いをすることができないときは、離婚する夫婦は、家庭裁判所に対して、話し合いの代わりとなる取り決めをするように求めることができます。ただ、離婚してから2年たつと、これを求めることはできません。
3. 話し合いの代わりとなる取り決めをするように求められた家庭裁判所は、離婚する夫婦の両方が、たがいに協力することによって得た財産の額など、いろいろな事情を考えて、財産を分けあたえるべきかということや、その金額や分け方を決めます。

> **法律解説** **財産分与とは**

　離婚するとき、夫婦の一方がもう一方に対し、結婚していた間に蓄えた財産を分けあたえるように求めることができます。このように財産を分けあたえることを「財産分与」といいます。

　財産分与には、3つの意味があると考えられています。

❶夫婦が結婚していた間に協力して蓄えた財産を、公平に分け合って清算する

❷離婚することによって、結婚していたときよりも経済的に不安定な立場におかれる一方に対して、その生活を助ける

❸夫婦の離婚に責任がある一方が、自分の行動で相手が負った精神的な負担に対して埋め合せをする

　たとえば、夫婦の一方が働いて、もう一方が専業主夫／婦をしていた場合、外からお金をかせいでくるのは働いている人だけです。でも、その人が毎日健康に働けるのは、もう一方の人が、食事を作るなどの家事をこなしたりして生活を成り立たせているおかげと言えます。ですから、給料は夫婦2人が協力して得た財産と考え、離婚のときに分け合うことになるのです。

　また、❸については、たとえば、夫婦のどちらかの浮気が原因で離婚する場合など、どちらか一方が離婚の原因を作ったとすれば、もう一方はつらく悲しい気持ちになります。そうした精神的な負担をなぐさめるために、「慰謝料」の意味合いで財産分与の金額が調整されることがあります。この慰謝料は、財産分与とはべつに請求することもあります（民法710条）。

2章

「離婚する」って、どういうこと？

39

結婚してから離婚するまでにためた財産を、だいたい半分に分けるんだよね。話し合いでうまくいくのかなあ。

　たとえば、お父さんかお母さんのどちらか一方の名義のマンションがあるとして、そのマンションを買ったのが結婚したあとなら、離婚したときにはマンションは2人で分けることになるよ。でも、どちらかが結婚前にためたお金で買ったのなら、またちがった判断がされることもある。

　2人で分ける場合でも、マンションを2つに割ることはできないから、たとえば、どちらかがマンションに住み続けて、マンションの半分の価値にあたるお金を支払うという取り決めをすることもあるね。

　どちらにしても、どちらがマンションに住んで、どのくらいのお金を払うのかは、親の生活や子どもの生活にとってすごく大きな問題だよね。

　だから、財産分与をめぐっては、なかなか意見が合わないことが多い。その場合、家庭裁判所で、さまざまな事情を考えて決定することになるんだよ（➡第4章へ）。

　その夫婦がどのように協力をして財産を作ったかという事情は、夫婦ごとに異なるから、実際の夫婦の財産の内容や結婚していた時の生活などに照らして、個別に決めていく。だから、財産分与の内容が決まるまでには時間がかかることが多いんだよ。

法律の改正と財産分与

　2026年ごろには法律が変わり、財産分与の内容を決めるときには、結婚している間に夫婦が得た、または価値が失われることを防いだ財産の額、夫婦それぞれが財産を築くのにどれくらい貢献したか、結婚していた期間、結婚していた間の生活水準、結婚していた間の助け合いの状況、夫婦それぞれの年齢、心身の状況、仕事や収入などのいろいろな事情がポイントになることが条文上に明らかにされているよ。ただ、これらのポイントは、現在の法律のもとでも、財産分与を考えるときには同じように検討されている。

子どもにとっては、早く生活が安定するように決まるといいなぁ。

　そうだね。あともうひとつ、「年金分割」というのがある。日本では、働いている間にお金を支払い、老後になってお金を受け取るという、「年金」という制度があるよね。この将来もらう年金を夫婦で分けるためには、年金事務所の窓口での手続きが必要なんだよ。

お父さんとお母さんが「入籍」していない場合は？

　親が法律上の結婚をしていない（入籍していない）場合は、「内縁」（16ページ）と言う。内縁のカップルでは、どちらか一方が相手に対して別れたいと伝え、共同生活を終わらせた時点で、内縁関係が終わることになる。一方が別れたくなくても、内縁関係を強制的に続けることはできないんだ。
　内縁関係を終わらせるときには、法律上の夫婦が離婚する場合のルールが一部、適用される。たとえば、内縁のカップルも財産分与や、年金分割制度が利用できる場合がある。
　子どもがいる場合は、父親がその子どもを自分の子どもであると認める「認知」という手続きをしていれば、子どもとくらす母親が父親に養育費を請求することができる（民法788条、766条）。

2章では、夫婦が離婚するときに起きることについてきいてきたけど、子どもの生活にもいろいろな影響があるのがわかったよ。お父さんかお母さんのどちらかとくらすことになれば、今とはべつの場所に引っ越したり、転校したりするかもしれないよね。
親と自分の名字がいっしょでなくなったり、自分の名字が変わったりすることで、周囲の人の目が気になるかもしれない。生活に使えるお金も今までと変わるし、面会交流も初めての経験になるよね。

　そうだね。両親の離婚は、子どもにとっても大きなことだよね。だからこそ、子ども自身の意見が尊重されることがとても大切になるよ。子どもには、「意見表明権」という、自分の考えや希望を大人に伝える権利、そして、それを聴いて尊重してもらう権利があるんだ。だから、あなたが大人に向かって自分の気持ちを伝えることはとても大切だよ。この権利については、6章でくわしく解説したので、ぜひ、読んでみてね。

第3章

「親権」って、なに？

親権って、どんなこと？

池田

この章では、「親権」について考えてみるよ。まず、親権ってなにかわかる？

子どもを育てなきゃいけない、ってことかな。

おっ！ いい答えだね。じゃ、育てるってどういうこと？

子どもにごはんを食べさせたり、学校に行かせたりすること。

そうだね。ほかには、子どものお金などの管理をしたりもするよ。じゃあ、もう一つ質問。親権は子どもが何歳になったら終わるかな？

え？ 親権って、期限があるんだ。

民法

820条（監護及び教育の権利義務）

親権者は、子どもの利益のために、子どもの世話をしたり、教育をしたりする権利と義務があります。

821条（子の人格の尊重等）

親権者は、子どもの世話と教育をするときは、子どもの人格を尊重して、子どもが何歳か、どのくらいしっかりしてきたかを配慮しないといけません。また、体罰など、子どもの成長に害のあることをしてはいけません。

822条（居所の指定）

子どもは、親権者が決めた家で生活しなければいけません。

823条（職業の許可）

1　子どもは、親権者の許可がなければ、職業につくことができません。

2　略

824条（財産の管理及び代表）

親権者は、子どものお金などを管理し、子どもに代わって他の人と契約したりできます。ただし、子どもに何かをさせる契約をするには、子どもの同意がないといけません。

法律解説 > 親権とは？

　ペンペンが、親権とは、「子どもを育てなきゃいけない」ことだと言ってくれました。胸に染みる答えです。親権とは、子どもを親の所有物のように支配できる権利ではなくて、育てなきゃいけない義務だと言ってくれたのですから。

　そして、子どもを育てるとは、ごはんを食べさせる、学校に行かせる、しかることなどが含まれるとも答えてくれました。そのとおりです。家でいっしょにくらして、食事をさせたり、身ぎれいにさせたりといった世話をし、子どもがより良く育つように、なにかを教えたり、学校に行かせたり、悪いことをしたらしかって導くことなども必要です。民法では、これらをまとめて「監護及び教育」と呼びます。

　また、親権者には、監護・教育をするために子どもの住む場所を決めることも必要です（居所指定）。

　それから、親権者は、子どもがアルバイトなどの仕事をしようとするとき、それが子どもにとって良いことかを考えて、許可するかどうかを判断する必要もあります（職業許可）。

　以上の監護及び教育、居所指定、職業許可をひとくくりにして「身上監護権」と呼ぶことがありますが、それが親権の中の一つの重要な中身です。

　「身上監護権」の他にも、親権者は子どものお金の管理をします。みなさんのお年玉を貯金してくれたりしていることもあるでしょう。また、子どもに代わって契約をしたりもします。

　子どもに代わってする契約といえば、たとえば、携帯電

話の利用契約や学校の入学契約などがあります。そうしたことができる権限をまとめて「財産管理権」と呼んでいます。親権のもう一つの重要な内容だと考えられています。

　まとめると、「親権」とは、身上監護権と財産管理権から成り立っているということになります。

なるほど。親権の内容がわかってきたよ。さっき、親権には期限があるって言っていたよね？

　そう、親権は、子どもが18歳になれば終わるんだよ。つまり、子どもが成人するまでの期限付きなんだね。親権から解き放たれるのを、とてもうれしいことだと感じる人もいると思う。そう、これからは自分の判断で自分の決めた人生を歩んでいけるんだからね。

　その代わり、失敗をしても自分の責任となるわけだから、親を含めて、いろんな人に相談をする必要があるんじゃないかな。一人前の大人は、他の人に相談することも上手なものだよ。

　でもね、親権が終わると同時に、お金をかせげるようになったり、貯金が増えたりするわけではないよね。だから、親権が終わっても、親は子どもが生きていけるようにお金を払う義務（扶養義務）を負っているから、その面では安心だね。このことは34～37ページで説明しているよ。

親権は親の支配する権利ではない

みなさんは、「親権」という言葉の「権」という漢字を見て、親権は子どもに対する支配権なのだと思っていないかな。現代社会ではその理解は正しくないんだよ。

たしかにかつては、家の中では父親がいちばん地位が高くて、家族はみんな、父親のいうことをきかなければいけないという時代があった。その時代には、親権は、まさしく父親の子どもに対する支配権のようなものだった。

けれど、今の民法では「子の監護及び教育をする権利を有し、義務を負う」と規定されているんだ。このように、親権には義務としての性質があり、むしろその側面が強いものだと考えられるようになってきた。そんな現代社会においては、親権は、子どもに対する支配権ではなくて、子どもを育てる義務と考えるべきだと言われているんだよ。

なお、じつは今の民法には「成年に達しない子は、父母の親権に服する」という規定もある。まるで支配権のような書き方だから、時代に合わせて変えることになったんだ。これが変わるのは2年近く先（2026年ごろ）のことで、「親権は、成年に達しない子について、その子の利益のために行使しなければならない」と変わるんだ。ホッとするね。

外国では、日本語の「親権」にあたる言葉をやめて、「親責任」などにあたる言葉に変える国もある。日本でも、「親権」に代わるいい言葉を考えようという意見もあるんだよ。みなさんはどんな言葉がいいと思う？

だれが親権者になるの？

お父さんとお母さんの両方が子どもの親権者で、離婚したらどちらかになるってきいたけど、それはほんとう？

そうだね。今の法律では、離婚するときにお父さんかお母さんの一方だけを親権者にすることとなっているよ。

今の法律では、ってことは、これから変わるかもしれないんだね。

3章　「親権」って、なに？

法律解説 ▷ 今の法律では

　親権がどういうものかわかったところで、次に、その親権を担う人、つまり親権者にはだれがなるのかを考えてみましょう。

　親権者となる人は、基本的には親です。そして、親には父母がいるのだけど、父母が結婚しているときは父母両方が親権者となります。これに対して、離婚したときは、父母のどちらかが親権者となります。くわしく見ていきましょう。

　まず、結婚しているときはわかりやすいですね。お父さんもお母さんもあなたといっしょにくらしていて、両方が親権者としてあなたを育てなきゃいけない義務、つまり親権を担います。でも、昔はちがったのですよ。先ほど見たように、父だけが親権者という時代がありました。それが、第二次大戦後に「日本国憲法」ができたときに変わりました。男女平等の理念や父母がじっくり話し合いながら子育てをしていくほうが子どもの幸せにつながるという考え方から、父母がともに親権者となることとなったのです。

　では、離婚したときはどうでしょう？　多くの場合、仲が悪くなって離婚するので、父母は別れてくらしますから、協力して子どもを育てるということがむずかしくなっています。そのため、離婚するときには父母のどちらかだけを親権者にするということになっているのです。

　協議離婚（23ページ）の場合には、父母が話し合って親権者をどちらかに決めます。もし話し合いがつかなければ、離婚裁判の中で裁判所に決めてもらいます。裁判所が決めるとき、それまで父母のどちらが主に世話を担ってき

たか、子どもの気持ちはどうか、親の状況はどうか、父母と子どもとの関係などを総合的に考えて、子どもが幸せになれるほうを選びます。

　そして、一度親権者を決めても、状況が変わったりして、子どもが幸せでないような場合には、裁判所は親権者を変えることができます。たとえば、親権者が子どもを虐待したりしていて、子どもがべつの親のほうに逃げてきた場合などが考えられます。

法律解説 　**新しい法律では**

　じつは、この制度が2026年ころに変わることとなりました（変わる日は未定）。新しい制度では、父母が離婚後もともに親権者のままでいることができるようになります。

　先ほど、父母は離婚すると離れてくらすので、協力して子育てするのがむずかしくなるから親権者は１人なんだと書きました。でも、身の回りの世話はいっしょにくらしていないとできませんが、子どもの進学のことを考えたり、相談に乗ったりするのは、離れてくらしている親にもできます。また、夫婦としては仲がよくなくても、親どうしとしては信じ合うことができて、協力して子育てできる父母もいます。そうした父母のために、共に親権者であり続けることも選択できるようにするのです。

　協議離婚の場合には、父母が話し合って、どちらかを親権者としてもいいし、２人を親権者としてもいい。話し合いがつかなければ、裁判所に決めてもらうことができます。このとき、忘れてはいけないことがあります。離婚の理由

がどちらかの親からどちらかの親への暴力だったり、どちらかの親による子どもへの虐待だったりする場合もあることです。そのような場合には、もはや協力して子育てすることはむずかしいので、裁判所は子どもの幸せのために、子育てができる親のみを親権者としなければなりません。

親権をどちらの親にするかを決めるときに、子どもは意見を言えるの？　子どもにとって、とっても大事なことだよね。

　そう、子どもにとって大事なことだから、子どもが自分の意見（気持ちや希望でもいい）を言えるように、大人はちゃんと聴くべきなんだ。もちろん、意見を言いたくなければ言わなくてもいいんだよ。
　どちらにしても、子どもが言った意見、あるいは意見を言わないことも踏まえて、大人は子どもの幸せをいちばんに考えて、責任をもって結論を出さないとならない。
　裁判所で決める場合には、家庭裁判所調査官という子どものことを考える専門の人がいて、子どもの意見や気持ちを聴いて、それを踏まえて親権者を決めるんだ。
　でも、協議離婚の場合は、父母の話し合いで親権者を決めるから、子どもの意見を聴くか聴かないかは父母にまかされている。もし、聴いてもらえなくても、意見を言いたかったら自分から積極的に言っていいんだよ。私たちおとなは、子どもが意見を言いやすくなるような制度を作っていかなければと思っているよ。

親権は制限や停止されることがある

親権者の親権は、制限されたり停止されたりする場合があるんだよ。

へえ、そうなんだ。どういうとき？

虐待をしている親などには、親権をまかせられない場合があるからね。次の表をみてください。

	要件1	要件2	効果
親権喪失	親権の行使が著しく困難または不適当であること	子の利益を著しく害する	親権全部を失わせる
親権停止	親権の行使が困難または不適当であること	子の利益を害する	親権全部を一時停止
管理権喪失	財産管理権の行使が困難または不適当であること	子の利益を害する	財産管理権のみを失わせる

法律解説 親権制限はなぜあるのか

　親権は、子どもが幸せになるように親に負わせた義務なので、その親権者にまかせていたのではかえって子どもの不利益になるような場合には、親権をそのままにしておくわけにはいきません。そこで、民法では、裁判所がそうした親権者の親権を失わせたり、停止したりすることができる制度を設けています。全部を失わせるのが「親権喪失」、全部を一時的に停止するのが「親権停止」、財産管理権だけを失わせるのが「管理権喪失」です。

　では、「親権制限をしてほしい」と裁判所に申し立てられるのはだれでしょうか。子どもの親族などができますが、じつは子ども自身もできます。たとえば、あなたが日々、虐待を受けて苦しんでいる場合など、あなた自身が裁判所に「親の親権を制限してください」と言えるのです。

　そう、あなたには親権者から逃げる道が用意されていることを忘れないでください。裁判所への申し立ては、弁護士に代わりにやってもらうことができます。そのような場合にはぜひ弁護士に相談してください（24ページ）。

　ほかに、虐待されている子どもなどを保護する児童相談所という機関が日本全国どこにでもあります。その児童相談所の所長さんも親権制限の申し立てができますし、緊急に一時保護もできますから、児童相談所に相談してもいいと思います。相談の電話番号は「１８９」（いちはやく）で、あなたの地域の児童相談所につないでくれます。110番（警察）や119番（消防署）と同じようにおぼえておいてください。

もし、親の親権が制限がされた場合、その親は子どもに対してなにもしなくなるの？

親であることに変わりないので、親権者でなくてもしなくてはいけないことは、今まで通りしなければならないんだよ。たとえば、子どもが育つための経済的負担をする義務（扶養義務、35ページ）は負っているんだ。だから、親が親権制限されても生活の心配はしなくていいんだね。

共同親権になった・Kさんの場合

　法律が2026年ころに改正されると、離婚後に、父母がどちらも親権者のままでいられるようになります。そうなったらどんな生活になるのか、イメージしてみましょう。

　Kさんのお父さんとお母さんは、どちらも働いています。そのため、Kさんの世話や家のことは、二人で分担しあってやっていました。

　ところが、二人は毎日けんかするようになり、とうとうお父さんが家を出て、べつにくらすようになりました。

　Kさんはお父さんもお母さんも大好きだったので、とても悲しい気持ちになりました。でも、お父さんは、それからも週に何回かは、仕事が終わると家に来て、Kさんとごはんを食べたり、宿題を見てくれたりします。

　ただ、お母さんが帰ってくると、お父さんは自分の家に帰ります。お母さんがいるときは、お父さんは来ません。

　こんな生活が続いた後、お父さんとお母さんは正式に離婚をすることになり、Kさんは二人から説明を受けました。

　お父さんとお母さんは、離婚した後も親権者のままで、これまでどおりKさんの世話をするし、大事なことは話し合って決める、というのです。

　Kさんは、二人が仲よくないのはさびしいですが、それならいいかなと思いました。そして、お父さんもお母さんも親権者となって、二人は離婚しました。

第4章

夫婦でうまく話し合えない時は？

夫婦だけで決められない場合は？

お父さんとお母さんの離婚の話し合いで、意見がちがったり、もめたりしたら、どうしたらいいのかな？

そういうときは、家庭裁判所に行って、「調停」や「裁判」を行うという方法があるんだよ。裁判所は、本人たちだけでは解決できないもめごとや問題について、法律や社会常識に照らして、第三者の視点から話し合いを助けたり、判断したりする場所だからね。

植田

そうなんだ。家庭裁判所ではどんなふうに話していくのかな？

> 法律解説

家庭裁判所ってどんなところ？

　家庭裁判所は、家庭内の問題や未成年者の事件などについて取り扱う裁判所です。
　離婚は基本的に、夫婦による話し合いでできますが、もし、夫婦のうちどちらかが離婚に反対している場合や、親権や財産について夫婦の話し合いだけで決まらない場合は、家庭裁判所に行きます。そして、「調停」という形で話し合いをとりもってもらうことができます。調停を行っても解決しない場合は、「離婚訴訟」という裁判を行い、判決で離婚が認められれば、離婚できます。また、離婚そのもの以外の関連したことがらについては、「審判」という形で家庭裁判所の判断を示してもらうことができます。

　離婚の話で夫婦がもめたりすると、弁護士に相談することがあるよね。弁護士さんは、法律の専門家でしょう？　どんなふうに相談したらいいのかな？

　私たち弁護士は、法律を使って、人の権利を守ったり、人どうしの関係を調整したりする仕事をしているんだよ。離婚をするときにも、法律上決めなくてはならないことや、裁判所での離婚の手続きについて相談にのっている。たとえば、調停や裁判の手続きは、夫婦が自分たちでやることもできるけれど、いろいろ細かいルールややり方があるから、弁護士といっしょに進めるとスムーズになるよ。

へえ、たよりになるね！　子どもたちも、弁護士さんに相談できるのかな？

家庭裁判所で行う離婚に関する手続きに子どもがかかわるときは、お父さんやお母さんがたのんでいる弁護士にではなく、子ども自身がたのむ弁護士さんに助けてもらって、自分の気持ちを裁判所に伝えてもらうこともできるんだよ（24ページも見てね）。

弁護士費用が出せない場合は

「法テラス」といって、お金がない人でも法律相談を無料で受けられたり、弁護士費用を分割で支払えたりする制度があるよ。くわしくは、法テラスのHPへ。（→ **https://www.houterasu.or.jp/**）

調停って、なにをするの?

家庭裁判所に行って「調停」をするって、具体的にはどんなふうにするの?

調停は、裁判所で行う話し合いのことをいうんだ。「調停機関」という人たちが加わって、いっしょに話し合いをするんだよ。

ふうん。調停をすればうまくいくのかなぁ。

法律解説　調停について

どんな制度?

　調停とは、「調停機関」と呼ばれる第三者が、もめごとを起こしている人たちの間に入り、それぞれの言い分を聴きながら、話し合いによってもめごとの解決を目指す手続きのことです。離婚では、夫婦それぞれの話を聴いて、話し合いでの解決を助けます。

　裁判所が結論を決めるわけではなく、話し合いの過程で、たがいの考えていることや気持ちを整理して伝え合い、本人たちが納得できる結論を出します。

法律解説 つづき　調停について

どのくらい時間がかかるの？

　おおよそ月に1回くらい、夫婦が家庭裁判所に行き、調停機関といっしょに話し合いを行います。時間のかかり方はそれぞれで、数回の話し合いで終わることもあれば、1年以上長引くこともあります。

　手続きが終わるまでは、夫婦はまだ結婚したままの状態です。このとき、すでにべつべつにくらしている場合、1章（19ページ）で解説したように、生活の費用は分担しあって出します。

調停はいつ終わるの？

　夫婦が話し合いをまとめることができれば、調停が成立して、手続きは終了します。

　もし、夫婦が話し合いをまとめることができない場合は「調停不成立」になり、調停は終了します。

　その後、家庭裁判所で、改めて「審判」や「訴訟」といったべつの手続きをすることになります。

　なお、いきなり「訴訟」を起こすことはできません。まずは調停をすることが法律で定められています。

調停のよいところってあるのかな？

　調停は、訴訟より手続きが進みやすくて、手数料が安いというメリットがあるんだよ。そして、第三者である調停機関がお父さんとお母さんの間に入るから、問題を整理して、話し合いを進めやすくなる。話し合いの中身についても、社会経験の豊富な調停委員（調停機関に入っている人）たちの意見を聴きながら考えていくから、本人たちだけで決める場合よりも、常識的でバランスのとれた結論がでることが多いんだ。
　それに、「家庭裁判所調査官」という心理や発達の専門家がいて、助けを借りられるよ。

仲の悪いお父さんとお母さんでも、調停では顔を合わせなくちゃいけないの？

　お父さんとお母さんの仲がとても悪かったり、どちらかの親が暴力をふるったりしている場合は、２人が顔を合わせないように裁判所が配慮してくれるよ。２人の言い分を弁護士がかわりに伝えたり、家庭裁判所から帰る時間をずらしたり、裁判所の中で同じところを通らないようにしたりしてね。すでにべつべつにくらしている夫婦の場合は、相手に住所が知られないようにして手続きを進めることもできるよ。

4章　夫婦でうまく話し合えない時は？

どんなふうに調査するの？　Gさんの場合

　家庭裁判所で、子どもにとって何がもっとも良いことかや、子どもの意思を確認したりするときには、「家庭裁判所調査官」という専門家が調査をします。

　では、調査官は、実際にどのように調査を進めるのでしょう？まず、調査官は、Gさんのお母さん、お父さんそれぞれに面接をして、Gさんの子育ての状況や、どんなふうにくらしているかなどをききます。

　Gさんといっしょに住んでいるほうの親には、何時に起きるか、ごはんはどんなものを食べているかや、どんな遊びをしているかなど、Gさんの生活の状況を具体的にききます。

　家庭訪問が行われることもあります。Gさんの家に来て、どんなところで、どんなふうにすごしているか、Gさんと親のやりとりのようすを見ることもあります。

　Gさんは、知らない大人が家に来るなんて緊張するなと思ったし、親は、家を片づけてそうじしなくちゃ、とあわてました。

　でも、調査官は、いつもどおりの生活を見にくるので、とくべつな準備はしなくてよいのです。

　年齢によっては、子ども自身が裁判所に行き、調査官と直接話をすることもあります。「今の生活はどうか」「どんな気持ちでいるか」など、自分の気持ちを調査官に打ち明けられます。

　また、調査官は、Gさんと親のほかにも、Gさんの通っている学校などに行って、ふだんのようすをきくこともあります。

　こんなふうに調査は、子ども自身や、子どもとかかわる人たちからいろいろな話をきいて、進められていくのです。

訴訟って、裁判をすることなの？

「調停」で話し合いがまとまらない場合は、「訴訟」に進むんだよね。訴訟って、裁判をすることなの？

「訴訟」は裁判の一つで、離婚をするときにいちばん厳格な手続きなんだ。そこで、最終的な結論が出ることになるよ。

裁判ってきくと、なんか大変なことのように思えるんだけど……。

| 法律解説 | **訴訟って何?** |

どんな制度?

　裁判というのは、人が権利や義務などをめぐって争っているときに、裁判所が本人たちの主張を聴き、証拠や事実を確認して、法律を使って判断をくだす手続きのことです。このうち、特に「判決」という形で、裁判所の判断が下される手続きのことを「訴訟」といいます。

　訴訟にはさまざまな種類がありますが、その一つとして、夫婦は、訴訟を行うことで離婚することができます。

　裁判所は、判決を出すまでにくわしい調査や検討を行い、厳格な手続きで判断をすることになっています。そして、訴訟で判決が確定すると、当事者たちは、たとえ結果に納得できなくとも、判決に従わなくてはなりません。そのため、訴訟はトラブルの最終的な解決の方法として利用されます。その分、調停や審判（68ページ）より時間や手間がかかります。

どんなことがらを検討するの?

　訴訟で離婚するには、「離婚事由」という、法律で決められた条件を満たすことが必要です。離婚したい人は、離婚事由があることを裁判所に認めてもらうために、自分の意見や考えを主張し、証拠を提出します。

　訴訟の手続きの結果、裁判所が離婚事由があると判断すると、「2人を離婚する」という判決を出します。この判決が確定すると、夫婦は法律上、離婚したことになります。

　また、夫婦に子どもがいる場合、判決と同時に、どちらが親権者になるかが指定されます（現在の法律の場合）。

さらに、離婚に関する他のことがら（養育費、面会交流、財産分与など）についても、判断してほしいことを裁判所に伝えれば、同時に判断が出ます。

離婚事由とは（民法770条）
❶ 夫婦のどちらかが浮気をしたとき
❷ どちらかから、わざとほったらかしにされたとき
❸ どちらかの生死が3年以上わからないとき
❹ 配偶者が強度の精神病にかかり、回復の見込みがないとき
❺ その他、結婚を続けるのがむずかしい大きな問題があるとき
＊注：2026年以降に施行される改正後の民法では、現行法の離婚事由のうち、❹は削除される。

離婚の理由って、どんなことが多いのかな。

実際のケースでは、❺に当てはまることがらが多いよ。たとえば、夫婦のどちらかが浮気をしたとして（❶）、そのことで夫婦の仲がとても悪くなったら、結果的に、❺の「結婚を続けるのがむずかしい大きな問題がある」といえるよね。だから、「婚姻破綻」といって、もともとの原因はともかく、現在の夫婦の仲がとても悪いこと（夫婦の両方に関係を修復する気持ちがなく、客観的に見ても仲直りがとても困難であること）も離婚の原因になるんだ。たとえば、夫婦の仲が悪くて長期間にわたってべつべつに住んでいるなら、裁判所は「婚姻破綻」と判断することが多いね。

ところで、「審判」という言葉もでてきたけど、これはどういうことなの？

「審判」という手続きは、基本的には「調停」と似た形で、当事者が話し合いながら柔軟に手続きを進めるのだけど、結論は裁判所が決めるんだ。審判の手続きで決められることがらは法律で決まっていて、「夫婦が離婚すること」そのものは、審判では決めることはできないんだよ。だから、審判は、夫婦が離婚することや親権者についてはすでに決めていて、財産分与など、他のことがらについて決められないというときに利用されるよ。

そうなんだね。あらためて「お父さんとお母さんが裁判する」ってきくと、子どもとしてもショックかもしれないな。

そうだね。もしかしたら子どもたちは、「親が離婚するのは、自分がいい子でなかったから」とか、「自分がどうにかすればよかったのでは」と、自分の責任だと考えてしまうかもしれない。でもね、結婚が法律で決められているように、それを解消する離婚は、大人のための問題解決法なんだよ。親が離婚するのは子どものせいではないんだ。
　もし、子どもであるあなたが、怒りや緊張、不満、怖れ、混乱などを感じたなら、その気持ちをだれかに話したり、相談したりしてほしい。第6章の気持ちを整理するためのおすすめの方法も参考にしてね。

子どもも意見を言ったり、手続きに参加できる？

第2章で出てきた「面会交流」のことなんだけど、それも裁判所で決めるの？ 子どもは意見を言えるのかな？

夫婦が離婚するとき、子どもに関係のあることがらを決めるには、話し合いで決めるときでも、裁判所の手続きで決めるときでも、「子の利益をもっとも優先して」考えなければならないと、法律で定められているんだよ。さらに、家庭裁判所はなるべく子どもの意見を尊重しなくてはいけないとされているんだ。

そうなんだね！ じゃあ、裁判所では、どんなふうに子どもの話を聴いてくれるのかな。

民法

766条（離婚後の子育てに関することがらを決めること）

1　お父さんとお母さんが、話し合いで離婚をするときは、子を育てる人、面会交流や養育費のことなど、子どもを育てるために必要なことがらについては話し合いで決めます。この場合においては、子どもの利益をもっとも優先して考えなければなりません。
2　以下略

771条（規定の準用）

民法766条のルールは、裁判上の離婚についてもあてはまるものとします。

家事事件手続法

65条（手続きにおける子の意思の把握など）

家庭裁判所は、親子や親権の問題など、子どもが直接影響を受けるような問題を取り扱うときには、子どもの話を聴いたり、家庭裁判所調査官が調査したりするなどの方法で、なるべく子どもの意思を把握するようにします。そのうえで、子どもの年齢や成長の度合いに応じて、その意思を踏まえたうえで問題の結論を出すようにします。

| 法律解説 | ## 「子の最善の利益」とは？ |

第2章でも解説したとおり、夫婦が離婚するときには、親権者、面会交流や養育費に関することなど、子どもに関することがらについて、子どもの利益をもっとも優先することとされています。これは、夫婦が話し合いで離婚するときも、家庭裁判所の手続きで離婚するときも同じです。大人の都合だけでなく、子どものことをちゃんと考えて決めなければならないということです。

時には、親自身の希望と、子どもにとってよいこと、子どもが望むことがちがうことがあります。そこで、家庭裁判所で手続きが行われている場合には、家庭裁判所調査官という、心理や社会についての専門家が、子どもの生活環境を調査したり、子どもから直接話を聴いたりして、子どもにとって何が一番よいかを調査することがあります。

この調査結果を、裁判官や調停委員が確認して、手続きが進められることになります。

家庭裁判所における子の意思の尊重

家庭裁判所の手続きのルールは、家事事件手続法という法律に定められています。この法律において、未成年の子どもに影響をあたえるような調停・審判事件では、家庭裁判所が子どもの気持ちや意思を確認し、子どもの年齢や発達の度合いに応じて、その意思を考慮しなければならないとされています（家事事件手続法65条、258条）。もし、裁判所の人から親権者や面会交流などについて話を聴かれることがあれば、子どもも自分の考えを自由に伝えてかまいません。ぎゃくに言いたくないことがあれば、無理して

4章 夫婦でうまく話し合えない時は？

言う必要もありません。

　また、子どもが自分の行動の結果を判断することができる程度に成長していれば、家庭裁判所で自分が当事者となって手続きに参加できる場合があります（家事事件手続法252条、258条1項、42条）。

　これを「利害関係参加」といいます。このような参加をすると、子どもは、自分で事件に関する記録を見たり、裁判所に確認してほしい証拠を提出したり、手続きが行われる日に立ち会ったりすることができます。

　ただ、子ども1人で裁判所に行って手続きを行うのは、実際には大変なので、「子どもの手続代理人」として、弁護士をたのむことができます（同法23条）。

家庭裁判所では子どもの意思を尊重するというルールがあるんだね。子どもには「意見表明権」があるってきいたことがあるよ。子どもも自分の意見を言って、それを尊重される権利があるってことだよね。

そうだね。「子どもの最善の利益」や、「子どもの意見表明」は、国連「子どもの権利条約」で定められている、大切な子どもの権利なんだよ。

子どもの権利条約は、世界中のすべての子どもたちがもつ権利を定めた条約で、196の国や地域がこの条約を守ることを約束している。日本も批准していて、それをもとにした「こども基本法」（2023年4月施行）もつくられている。

子どもの権利条約では、子どもの権利を守るために重要な4つの基本的な原則が掲げられているよ。

① **命を守られ、成長できること**
② **子どもにとってもっとも良いことを考えてもらうこと**
③ **差別されないこと**
④ **意見を言えて、その意見が尊重されること**

この条約や原則について、くわしいことは第6章を読んでね。

子どもの手続き代理人・Eさんの場合

Eさんが小学校1年生の時、お父さんとお母さんが離婚して、Eさんの親権者はお母さんになりました。Eさんとおねえさんはお母さんに引き取られ、お母さん側のおじいちゃんの家でくらすことになりました。

おじいちゃんは、おねえさんにはやさしいのですが、成績の悪いEさんにはつらくあたり、ことあるごとにきびしくしかりました。中学生になったEさんが口答えをすると、ぶたれることもありました。

中学2年の夏休み、Eさんはおじいさんと大げんかをして、家をとびだし、お父さん側のおばあさんの家に逃げこみました。Eさんの話をきいて、おばあさんとお父さんは、弁護士に相談しました。

弁護士は、Eさんの親権者をお母さんからお父さんに変えるための調停を申し立てました（「調停」については61～64ページへ）。

また、Eさんは、調停の手続きに「利害関係参加」をして、直接意見を言えるようにする手続きを取りました。そして、「子どもの手続代理人」となる弁護士を裁判所に選んでもらい、Eさんは、その弁護士に、おじいさんとのつらいできごとや、自分を守ってくれなかったお母さんを信頼するのがむずかしいという気持ちを話しました（「利害関係参加」「子どもの手続き代理人」については72ページへ）。

Eさんの代理人となった弁護士は、Eさんの気持ちを裁判所に伝えました。お母さんは、調停手続きのなかでEさんの気持ちを聴いて、Eさんがおばあさんとくらすことを認めてくれました。

Eさんは今、おばあさんの家から、元気に高校に通っています。

第5章

親が再婚するとどうなる？

親の再婚相手との関係

この章では、離婚したあとのことをききたいんだけど、もし、子どもといっしょに住んでいるお父さんが再婚したら、あたらしいお母さんができるよね。

再婚しただけでは、子どもの母親にはならないんだよ。

池田

そうなんだ。昔話とかでは、「ままはは」って、呼ばれるよね。

たしかに「ままはは」というけれど、お母さんではないんだよ。

| 法律解説 | **再婚相手と子どもの関係は？**

　父母が離婚し、父が子どもを引き取って育てているとしましょう。その父が再婚をしました。その場合、子どもとその再婚相手はどのような法律上の関係になるでしょうか。これがここでの問題です。選択肢は３つ考えられます。

　1. 親子になる

　2. 何の関係もないまま

　3. 親子ではないがなんらかの関係ができる

　まず、**1**はまちがいです。同居している親が再婚しただけでは、子どもと再婚相手は親子にはなりません。「養子縁組」をしなければ、親子にはならないのです。

　次に、**2**もまちがいです。そうすると答えは**3**になりますね。

　父親の再婚相手を「継母」と呼ぶことがあります。「けいぼ」とも読みます。ちなみに、「父」と「母」を入れ替えた場合は「継父」（けいふ）になります。「母」「父」という字が入っているので、親子になるようなイメージがあるのも無理はありません。実際、継母や継父は、古い法律では、親子と同じ扱いを受けていたようです。

　しかし、現在では、同居している親が再婚したというだけでは、子どもと再婚相手は親子にはなりません。これは考えてみればあたりまえのことです。みなさんは、第１章で、「婚姻は両性の合意のみに基づいて成立する」ことを学びましたね。

　親は、子どもが「いや」だと言っても、相手との合意があれば再婚ができます。これは親と子どもがべつの人間だ

5章

親が再婚するとどうなる？

77

からです。親にだって再び幸せになる権利があるからです。
　でも、それは子どもだって同じです。親が再婚したというだけで、自動的にその再婚相手と親子にされてしまうというのでは、道理が立ちませんよね。
　では、3の「なんらかの関係」というのはどんな関係でしょうか。子どもと再婚相手は、「親族」になるのです。親族になると、再婚相手は子どもに対して、その生活を助ける義務（扶養義務）を負う場合もあります。全くの他人ではないつながりがでてくるのです。

両親は、結婚がうまくいかなくて離婚したのに、また他の人と結婚するとなれば、子どもはどうしても不安になるよね。

　そうだね。子どもは、父母が離婚する過程で、生活の変化に対応しなくてはならなかっただろうし、精神的に負担も多かっただろうと思うよ。それをなんとか乗りこえて、1人の親との新しい生活になじもうとして、ようやく慣れたころに、再婚相手が登場するわけだからね。再婚相手がとてもいい人でも、子どもにとってはいきなり親子になるのはむずかしいかもしれない。親には、そうした子どもの気持ちも十分尊重してほしいと思います。
　でも、その再婚相手が、自分のことを大事にしてくれる人だとわかって、いっしょに生活しても気づまりでなくて、楽しいと思えてくれば、だんだん関係性ができて、親として受け入れられるかもしれないよね。

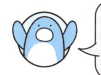

そうだね。いきなり親子と言われたら、子どもはこまると思うし、だんだんによい関係になっていくのがいいね。

5章 親が再婚するとどうなる?

養子縁組をすれば、親子になるの？

 もし、親の再婚相手と親子になりたい場合は、どうすればいいのかな？

役所に「縁組届」を出して、養子縁組すれば親子になれるんだよ。

民法

798条（未成年者を養子とする縁組）

未成年者と養子縁組するには、家庭裁判所の許可が必要です。ただし、未成年者が祖父母や親の結婚相手と養子縁組する場合には不要です。

797条（15歳未満の者を養子とする縁組）

1　15歳未満の子どもが養子縁組するときには、親権者が代わりに縁組の承諾をします。

2　略

810条（養子の氏）

養子は、養親と同じ名字になります。以下略。

818条（親権者）

2　養子の親権者には、養親がなります。

1, 3　略

法律解説 ＞ ## 養子縁組とは

親権はどうなる？

　親の再婚相手と子どもが養子縁組をすると、親子になります。親になるほうは「養親」、子どものほうは「養子」と呼ばれることになります。呼び分ける必要のある場合には、もとの親は「実親」と呼ばれます。

　この場合、実親との親子関係はどうなると思いますか。親子関係はなくなりません。つまり、子どもにとっては、実親が2人いて、さらに養親もいるということで、親が増えることになります。自分のことを考えてくれる親が増え

るなら、うれしいことですね。

　ここでむずかしい問題があります。この3人の親のうち、親権者にはだれがなるのでしょうか。答えは、養親と再婚したほうの実親の2人です。親が3人になることはあっても、親権者は最大で2人なのです。

　そして、養親は親となるのですから、子どもに対する重い扶養義務を負うようになります。その結果、別居している実親は、これまで養育費を支払うことで子どもに対する重い扶養義務を果たしてきましたが、養親という強力な扶養義務者が登場したために、ピンチヒッターでよくなります。それから、養子は養親と同じ名字となります。親子としてたがいに相続する関係にもなります。

養子縁組するには

　養子縁組は、親の再婚相手と養子縁組する場合には、役所に届け出るだけでできます。ちなみに、祖父母と養子縁組する場合も届け出るだけでできます。

　ところで、子どもがまだ幼い場合、親の再婚相手が自分のことを大事にしてくれる人かどうか、子どもが判断するのはむずかしいですね。そこで、子どもが15歳未満の場合は、親権者が子どもに代わって縁組をします（代諾縁組）。これに対して、子どもが15歳になっていれば、自分で判断できるので、子ども自身が養子縁組をします。

なぜ15歳という区切りができたのかな？

> この15歳というラインは、低いと思う？ それとも高いと思う？ 15歳以上でも、実際は子どもは親権者の意向に従って、縁組をすることが多いと思うよ。だから、15歳であるかそうでないかは、それほど重要でないかもしれない。重要なのは、いずれにしても親権者が、しっかり子どもの意見を聴いて尊重することだよね。

家庭裁判所の許可が必要な場合

　未成年者を養子とする養子縁組をするには、家庭裁判所の許可を得なければならないのが原則だ。養子縁組をしたら親子になるのだから、家庭裁判所が、それが子どもにとって本当にいいことなのかをチェックして、そのうえで許可した場合にだけ養子縁組が成立することになっているんだね。
　けれど、子どもが近しい関係にある人と養子縁組をする場合には、当事者の判断に任せても大丈夫だろうということで、家庭裁判所の許可はいらないんだ。それが再婚相手との養子縁組（「連れ子養子」といいます）や、祖父母などとの養子縁組の場合なんだ。

いろんな養子縁組の使われ方

　親が再婚する場合ではなくても養子縁組が利用されることがある。
　たとえば、児童虐待を受けている子どもを、実親の親権から逃れさせるために、祖父母と養子縁組をするということがある。養子縁組をすれば、養親が親権者となることは説明したよね。この仕組みを利用して、祖父母の場合は家庭裁判所の許可もいらないし、子どもが15歳以上なら親権者の代諾も不要なので、手段として利用されているんだ。
　また、養子縁組をすれば、養子は養親と同じ名字になるので、家名存続のために利用されることもある。さらに、親子としてたがいに相続する関係になるので、相続税対策として利用されることもある。でも、養子縁組は子どもの利益のためにされるべきものだから、家名存続や相続税対策に利用されるのはどうかという疑問を向けられることもあるんだ。

離縁って、親子の縁を切ること？

養子縁組して、親がまた離婚したとしたら、養親と子どもは親子でなくなるの？

養親との親子関係は続くよ。いっしょに生活しなくなっても、親子のままなんだよ。
でも、離縁すれば親子じゃなくなるよ。

離縁？ 縁を切るってこと？
それはどうやってするの？

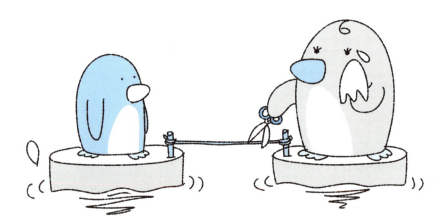

民法

811条（協議上の離縁等）

1 養子と養親は、協議で、離縁をすることができます。
2 15歳未満の養子については、離縁後に親権者となる人が代わりに養親と協議します。
3 以下略

814条（裁判上の離縁）

1 養子と養親は、次の場合に限り、離縁の訴えを提起することができます。
  一 どちらかから、わざとほったらかしにされたとき。
  二 どちらかの生死が3年以上わからないとき。
  三 その他、縁組を続けるのがむずかしい大きな問題があるとき。
2 略

法律解説 ▶ **離縁とは？　離縁の手続き**

　実親と養親が離婚しても、養親と子どもとの親子関係には影響がありません。しかし、「離縁」という手続きをすれば、養子縁組は解消され、親子でなくなります。実親と養親が離婚しているので、親族でもなくなります。

　離縁は、当事者が合意をして、役所に届出をすればできます。だれとだれが合意すればいいかというと、子どもが15歳未満であれば、養親と離縁後に親権者となる親（ここでは再婚・離婚した実親）、15歳以上であれば、養親と養子自身です。

　もし、養子の側が離縁したいと思っても、養親が承諾し

5章

親が再婚するとどうなる？

85

ない場合、またはそのぎゃくの場合、離縁の届出はできません。

　その場合には、家庭裁判所に決めてもらうことができます。家庭裁判所は、縁組を継続しがたい重大な理由があるときなど、たしかに離縁する理由があると判断する場合には、離縁の判決をします。第４章で説明した離婚の場合とほぼ同じ構造ですね。

なんだか複雑だね。親がなんども離婚したり再婚したりしたら、もっと複雑になるよね。

いいや、親の婚姻・離婚と、親子関係とは連動していないんだよ。だから、たとえば実親と養親が離婚しなくても、子どもと養親は離縁できるし、ぎゃくに実親と養親が離婚しても、子どもと養親との親子関係は続けられるんだ。そして、子どもは、実親とではなく養親といっしょにくらしていくこともできるんだよ。

> 血のつながらない親子がいっしょにくらすということ？

> 日本社会ではそういう発想があまりなくて、離婚と離縁を同時にしようとする場合が多いようだね。でも、本来は、子どもにとってなにがいちばんよいのかを考えて、親子の関係を離縁するかどうか、慎重に決める必要があると思うよ。

特別養子縁組

　特別養子縁組は、実親との親子関係がなくなってしまうタイプの養子縁組だ。その効果の重大性から、家庭裁判所が特別養子縁組を成立させるかどうか、責任をもって決めることになる。

　では、どのような場合に成立させるのか。民法には、「父母による養子となる者の監護が著しく困難、または不適当であること、その他特別の事情がある場合において、子の利益のため特に必要があると認めるとき」と規定されている。

　たとえば、実父母が子を虐待している場合、実父母がとても若くて子どもの養育ができない場合、望まない妊娠で実親に養育の意思がない場合などが考えられる。

　また、通常の養子縁組とはちがって、養子は原則15歳未満、養親は原則25歳以上、実親の同意、6か月以上の試験養育で問題のないことなどが要件としてあるんだ。

親が離婚して再婚した・Tさんの場合

　Tさんのお父さんとお母さんは、数年前に離婚して、お母さんが親権者になりました。Tさんとお母さんは二人ぐらしで、週末になると、お父さんがTさんを遊びに連れていってくれます。

　けれどそのうち、お母さんが職場で仲よくなった男の人が家に遊びにくるようになりました。Tさんは、最初はその人とうまく話せなかったのですが、そのうちいっしょにゲームをするようになりました。

　ある日、お母さんから、その人と結婚したいと打ち明けられました。Tさんは、その人がお父さんになると、本当のお父さんと会えなくなってしまうからいやだと言いました。

　でも、お母さんは、その人と「養親縁組」をしなければお父さんにはならないし、もし、養親縁組をしても、もともとのお父さんとはずっと会えるというのです。

　Tさんは、それをきいて少し安心しました。そして、その人がもっと家に遊びに来てもいいと思えました。

　一年後、お母さんとその人（Yさん）は結婚して、いっしょにくらすようになりました。お父さんも変わらず、毎週遊びに来てくれています。

第6章

あなたには「子どもの権利(けんり)」がある

> 最後の章では、実際に親の離婚を経験した人の話を聴いて、人権と子どもの権利の視点から、親の離婚・再婚について考えてみたいと思います。カオリさんの話を読んでください。
> 佐藤

親の離婚を経験したカオリさん（仮名・高校生）の話

　私のパパとママは、私が小学5年生の時に離婚しました。
　パパとママは、私が小さいころから仲が悪くて、パパはほとんど家に帰ってこないから、パパとは交換日記でおたがいのことを伝えていました。
　ある日の夜、パパとママが家で大ゲンカをして、ママが家から出て行ってしまって、パパもおこって追いかけていったことがありました。2人ともすごくこわくて、どうなっちゃうのかすごく不安だったけど、パパに「お前は家にいなさい！」って言われたから、ずっと1人で待っていて、すごく長い時間に感じました。今でも、その時の心細い気持ちを思い出すと悲しくなります。

　このころ、ママは家の中で泣いていることがふえて、「どうしたの？」ときくと、「もうすぐパパと離婚するよ」ときかされました。
　ある日、急にパパが、私を動物園に連れていってくれました。「ど

うして？」ときくと「（私と）バイバイすることになったから」と言われました。この時の私は、パパやママに質問したりすることはできなくて、「あー、そうなんだ」と思うことしかできませんでした。

　このころ、私は、なんだかとてもイライラしていて、友だちとけんかしたり、近所の公園に落書きをしたりして、学校の先生におこられたこともありました。

　それでも、パパとママが離婚してママと2人でくらすようになると、ママは私をいちばん大切にしてくれて、いつもママといっしょにいられて、私は、毎日とてもうれしい気持ちでした。

　だけど、中学生になったら、ママに新しい恋人ができて、その人が家に遊びに来るようになりました。ママは、それまでは私の好きなごはんばかり作ってくれていたのに、急に新しい恋人の好物を作るようになって。

　私は、ママの気持ちが新しい恋人に移ったんだと感じて、すごくさびしい気持ちになりました。

　でも、ママの新しい恋人はとてもやさしい人でした。私のこともママと同じように大切にしてくれて、よく2人でいっしょに話をしました。

　私は、ママと新しい恋人と3人で、初めてふつうの家族みたいにいっしょにごはんを食べながらおしゃべりをしたりする生活を経験できたので、新しい恋人には感謝しています。

　そのころも、私とパパは3か月に1回くらい「面会交流」をしていました。パパが車で迎えに来てくれて、ショッピングをしたり、ごはんを食べたり……。パパのお仕事の話をきくのは、とても楽しかった。でも、ママの新しい恋人のことは、パパがどう思うか不安で、ずっと

話せずにいました。
　そんな時、パパの車に今まではなかったベビーシートがあるのを見つけて、「これ、どうしたの？」ってきいたら、パパが再婚していて、その人との間に今度、赤ちゃんが生まれることを話してくれました。
　私は、離婚したけど、私だけのパパだって思っていたのに、もうそうじゃなくなるんだと思って、その時も、すごくさびしく不安な気持ちになりました。
　最近、ママが恋人と別れてしまって、また私とママの2人ぐらしになりました。ママは、元恋人の話をするとふきげんになるけど、私にとっては本当のパパと同じくらい、とても大切な第二のパパなので、今でもこっそり会っています。

　私の心の中には、ずっと家族に気を使って、パパに話さないほうがいいことや、ママに話さないほうがいいことがたくさんあって、そうやって親に気をつかわないといけないのが、すごく面倒だなと感じてきました。
　自分の父親と母親が、それぞれべつの相手と愛し合っているということも、本当は受け入れることができません。パパもママも、私のことをちゃんと愛してくれていると頭ではわかっているけど、パパとママは愛し合っていないと思うと、どうしても「自分は望まれなかった子どもなのではないか」という不安が心から離れません。パパとママが、私だけじゃなくて、べつのだれかの恋人だったり、親だったりするんだということも、私にとっては不安でつらいことです。
　でも、そういう私の本当の気持ちは、やはりパパとママには上手に話すことができないでいます。

生きていくうえで、とても大切な「人権(じんけん)」

カオリさん、大切なお話をきかせてくれてありがとう。

　カオリさんのお話には、大事なことを考えるヒントがたくさんあるね。
　政府(せいふ)によると、2023年に結婚(けっこん)したカップルは47万4717件(けん)、離婚(りこん)したカップルは18万3808件(けん)で、3組に1組以上のカップルが離婚(りこん)していることになるんだよ。

つまり、カオリさんのようにさびしい気持ちや不安な気持ちになっているかもしれない子どもが、たくさんいるってことだね。

　そう思うと、なんだか居(い)ても立ってもいられない気持ちになるよね。カオリさんは、不安な気持ちをかかえながら、お父さんやお母さんを気づかって、自分の気持ちを言えずにすごしてきて、本当に大変だったと思う。そこで、「人権(じんけん)」の観点からこのことについて考えてみようと思う。

「人権」って、だれもが生まれたときからもっていて、だれもうばうことのできない権利のことでしょう？

　そのとおり！　私たちは、だれもが自分の人生の主人公として、人間らしく、自分らしく生きていく権利があるの。この権利が「人権」なんだ。
　でも昔は、奴隷や農奴という身分の人がいて、主人の命令には逆らえなかったり、強制的にひどく働かされたり、まるで物のように売り買いされたりしていたんだ。その人たちには「人権」がなかったと言えるよね。
　そこから、長い歴史の中で、だれもが人間らしく生きることのできる社会をつくりたいという願いを、多くの人たちが努力して育ててきたんだ。
　そして、1948年に、思想・良心の自由、職業選択の自由、表現の自由、幸福追求権などの「人権」が守られなければならないという、「世界人権宣言」が国際連合で採択されたんだよ。
　日本では「日本国憲法」で人権が保障されている。
　人権は、大人に対してだけでなく、子どもにもできるだけ同じように保障されているんだ。
　そう、あなたにもね。

大切な3つの権利を考えてみよう

その人権が、親の離婚・再婚とどんなふうに関係しているのかな？

みなさんにわかりやすいように、人権の中身を次の3つのグループに分けて説明してみるね。

1. 安心の権利

1つ目は安心の権利です。もし、突然、災害や戦争で、ごはんが食べれなくなったり、自分を守ってくれる人がいなくなってしまったら、安心して生きていくことはできません。

私たちが自分らしく生きていくためには、日々、不安や恐怖がなく、安心して生活できることが大事です。なので、安心の権利を人権の1つ目にあげました。

日本国憲法には、「恐怖と欠乏から免れ、平和のうちに生存する権利」（前文）、「健康で文化的な最低限度の生活を営む権利」（25条・生存権）として書かれています。

この権利を親の離婚で考えてみると、子どもたちは、「自分の生活はどうなってしまうのだろうか？」「お父さん、お母さんに会えなくなるの？」「住む場所や学校は変わってしまうの？」「生活や進学のお金はどうなるの？」など、いろんな不安をかかえて心配になると思います。

心配ごとをかかえていると、気持ちがおちつかなくなって、イライラしたり、元気が出なくなったり、本当の自分らしい生き方ができなくなってしまいます。

　カオリさんのお話に、イライラした気持ちをおさえきれずに友だちとけんかをしてしまったり、いたずらをしてしまったことが出てきたけれど、それも、心配事や不安な気持ちのせいだったかもしれませんね。

2．自分の価値を実感できる権利

　2つ目は、「自分の価値を実感できる権利」です。

　この世界には、とてもたくさんのいろんな個性をもった人たちがくらしています。一人ひとり、ちがった特徴をもち、ちがった興味や関心をもっていて、一人として同じ人はいません。あなたは、世界でたった一人のかけがえのない、特別な存在なのです。

　なにか特別なことができるとか、人とくらべてすぐれているとかでなくて、ありのままのあなたが、かけがえのない存在だということです。

　そして、自分のことを、ありのままでいるだけでかけがえのない存在なんだと信じることによって、私たちは、堂々と、自分らしく、自分の気持ちに正直に、毎日をすごすことができます。

　でも、カオリさんは、「自分は親から望まれなかった子どもなのではないかと思ってしまう」と話していましたね。

　そんなふうに感じていたとすれば、自分の存在に価値があると信じることはむずかしいし、自信をもって自分の思ったことや感じたことを伝えることもできにくかったでしょう。

　こんな状態は、自分の価値を実感できる権利が傷つけられていたと言えます。

3．自分で決め・自分の意思が尊重される権利

3つ目は、「自分で決め・自分の意思が尊重される権利」です。

休みの日には何をするか、どの部活に入るかなど、自分にとって大切なことについて、自分で決めて、それをまわりの大人に尊重される権利です。

もしこの権利が守られていないと、自分に関係のある大事なことも、親や学校の先生などが一方的に決めて、自分の好みや希望が無視されたまま、それに従わなければなりません。そんなきゅうくつな生活にがまんしていると、自分を大切に思えなくなったり、自分らしく生きていると感じることがむずかしくなったりするのではないでしょうか。

カオリさんの話には、家族のために、本当はしたいことやしてほしいこともガマンして、話す内容にも気をつけていたようすが出てきました。

両親が離婚について話し合っている時、親たちは自分のことに必死で余裕がなくなってしまいます。子どもたちは、たいへんそうな親のようすを見ると、「これ以上こまらせてはいけない」と感じて、自分の希望や本当の気持ちを話すことを遠慮してしまいがちです。

たとえ、大人がたいへんな時でも、子どもには自分で決め・自分の意見が尊重される権利があります。自分の気持ち・願いをしっかり聴いてもらって、それが全部かなえられないとしても、そのことを大切にしてもらわなければなりません。この権利は、自分らしく生きていくためにとても大事なものなのです。

なるほど。カオリさんは親の離婚・再婚で、この3つの権利がおびやかされていたことになるんだね。

子どもには子どもの権利がある

さっき、子どもにも大人と「できるだけ同じように」権利が保障されると言っていたけど、子どもと大人の権利ってちがうの？

　そうだね。子どもは日々成長している存在で、大人とはちがう面があるので、必要とする権利や、権利の範囲が少しちがっているんだよ。

　だれでも生まれた時は赤ちゃんで、ことばを話すことも、絵をかくこともできないし、住む家、食べるもの、着るものなど、周りの大人に用意してもらわなければならないよね。だから、子どもたちには、まずなによりも、命を守ってもらう権利（生存の権利）が保障されないとならない。

　そして、子どもが成長していくためには、育つ権利が保障されないとならない。いろんなことを経験したり、学んだり、遊んだり、休んだりするなかで、自分らしい生き方を考えることができるようになるからね。

　そして、子どもは成長・発達していく途中の存在だから、なにかを決めるときに、情報・能力・経験が不足していて判断するのがむずかしい場合や、大人の協力がなければ希望を実現できない場合もある。自分だけの判断で行動して、取り返しのつかないダメージを受けてしまう危険もある。

だから、子どもたちが、安心・安全で自分に自信をもって生活していくためには、大人から守ってもらう権利や、成長を助けてもらう権利も保障されないとならないんだね。
　こうした子どもならではの権利をまとめた国際的なルールが、「子どもの権利条約」だよ。この条約は、国際連合で採択され、1990年に国際条約として発効されたの。日本は1994年に批准（国が確認し同意する）しているよ。

子どもの権利条約に書かれているのは、どんなことなの？

　子どもの権利条約には、大切な4つの原則がまとめられているよ。
　それは、①命を守られ、成長できること、②子どもにとってもっとも良いことを考えてもらうこと、③差別されないこと、④子どもが意見を言うことができ、その意見が尊重されること。
　今回は、親の離婚・再婚に関係して2章～5章でも出てきた、④について考えてみようね。

意見表明権はとても大事

　親の離婚・再婚に関して、子どもが自分の意見を言って、大人たちに聴いてもらえるのかということはとても大事だよね。子どもの権利条約では「意見表明権」（12条）として保障されている。これは、子どもならではの権利と言えるね。

　さっきも言ったように、子どもは成長途中で、大人と同じように物事を考えたり、1人でなんでもできるわけじゃないけど、どんなことをしている時がいちばん楽しいか、熱中して取り組めるものはなにかなど、自分が感じて、自分にしかわからないこともある。

　それなのに、周りの大人だけでかってに決めたら、「そんなのいやだ」とか「受け入れられない」と思ったり、自分は大切にされていないと感じたりするかもしれない。大人の選択が、本当に自分にとってよいとは思えないこともあるだろうね。

だから子どもには意見を言う権利と、それを聴いてもらう権利が保障されているんだね！

そのとおり！「子どもの権利条約」では、子どもの重要な基本的権利として保障されているよ。意見表明権は、大人たちが子どもに関係のあることを決めるときには、その問題に関係する子どもから、意見を聴く機会を作らなければならないということ。

　そして、子どもが意見を伝えた時には、その意見をしっかり聴いて、尊重しながら、子どもにとっていちばん良いことはなんだろうと考えて、結論を出さないとならないんだね。

こども基本法でも、意見表明権が定められているときいたよ。

6章　あなたには「子どもの権利」がある

こども基本法ができた！

　よく知っているね。子どもの権利条約と日本国憲法の精神をもとに、2022年にこども基本法ができたんだよ（https://www.cfa.go.jp/policies/kodomo-kihon/）。

　この法律は、すべての子どもたちが自分らしく幸せに成長でき、くらせるような社会を目指して、子どもに関するさまざまな取り組みを進めていくための基本的なことを定めているんだ。

　子どもに関する取り組みというのは、たとえば、子どもの成長を支えたり、子育てをサポートするような取り組みのことだね。具体的なことは、「こども大綱（2023年）」にまとめられている（https://www.cfa.go.jp/policies/kodomo-taikou/）。

　子どもに関するさまざまな取り組みを進めていくために、2023年に「こども家庭庁」もできたんだ（https://www.cfa.go.jp/）。

「こども基本法」は、子どもの権利条約の精神をもとにした法律なんだね。どんなことが書いてあるのかな？

この法律では6つの基本的な考え方として示されているよ。
① すべての子どもは大切にされ、基本的な人権が守られ、差別されないこと
② すべての子どもは、大事に育てられ、生活が守られ、愛され、保護される権利が守られ、平等に教育が受けられること
③ 年齢や成長の程度により、自分に直接関係することに意見を言えたり、社会のさまざまな活動に参加できること
④ すべての子どもの意見が年齢や成長の程度によって、大事にされ、子どもの今とこれからにとってもっとも良いことが優先して考えられること
⑤ 子育てをしている家庭のサポートが十分に行われること、家庭で育つことがむずかしい子どもに家庭と同じような環境が用意されること
⑥ 家庭や子育てに夢を持ち、喜びを感じられる社会を作ること

③と④に、子どもの意見表明について書いてあるね！　こども基本法でも、子どもの意見表明権を大事にしているんだね。

裁判所も子どもの意見を聴いてくれる

　ほかにも、「家事事件手続法」という法律があるよ。これは、離婚などの家族内のもめごとを裁判所で解決するためのルールを決めた法律だよ。その65条（70ページ）では、子どもの生活に関係する争いごとでは、子ども自身の意向をしっかりと受け止めるように努めることを裁判所に対して求めているよ。

　2章と4章でふれられていたけれど、お父さんとお母さんのどちらとくらすのか、離れている親とはどんなふうに面会交流をするのかなど、子どもにとってとても重要なことだから、子ども自身の意見も聴かないと、正しい判断は出せないよね。そこで、法律では、裁判所に対して、子どもに影響をあたえるような判断をする場合には、子どもの意見を直接聴いたり、調査官が会ったりして、子どもがどう考えているのか確認することを求めているんだ。

　そして、裁判所が結論を決めるときには、確認された子どもの意見を、よく考えて答えを出さなければいけないとされているよ。

子ども権利条約やこども基本法で定められていることに共通するね。

そうだね。ただ、子どもたちは成長途中なので、子どもの年齢や成長をふまえて、子どもの意見を考えることになっているんだ。

権利が守られていないと気づいたとき

カオリさんの話にもどるけど、権利が傷つけられていると気づいたときにはどうしたらいいの？自分でできることはあるのかな？

そうだね。権利が傷つけられているとき、そのままがまんしていると、私たちの心や体には良くないことが起きてくるんだよ。

6章 あなたには「子どもの権利」がある

カオリさんの話に、不安でイライラした気持ちになってしまったことが出てきたけど、ずっとストレスが続くと、つかれやすくなって、元気が出なくなったり、気持ちが不安定になったりすることもある。中には、朝起きるのがむずかしくなって学校に通えなくなったり、おなかが痛くなって食事が食べられなくなったりすることもあるんだよ。そんなときにできることを、3つにまとめてみたよ。

1. 信頼できる人に気持ちを打ち明けよう

だれかに不安な気持ちや心配していることを聴いてもらえると、それだけでも気持ちが楽になります。また、もしかしたら、1人では思いつかなかった良いアイディアも出てくるかもしれません。

でも、家族のことを他人に話すのはいけないこと、話した人からなんて思われるか心配、などの気持ちから、相談ができないことも多いようです。

あなたには、自分の気持ちを聴いてもらう権利があるし、その気持ちを尊重して、あなたにとっていちばんよいことを考えてもらう権利もあることを忘れないでください。

そして、相談相手をさがすときには、次の3つの権利を守ってくれるかどうかを考えてみると、その人が相談するのによい人かが判断できます。

① あなたが安心して話をできる人（安心の権利）
② あなたの話を否定したりさえぎったりせずに、最後まで聴いてくれそうな人（自分の価値を実感できる権利）
③ かってに大人の判断で動かずに、あなたの意見を大切にしてくれそうな人（自分で決め・自分の意思が尊重される権利）

どんな大人に相談する？

次のことを目安にして、相談できる大人をさがそう。ふだんから、1人ではなくて3人くらい、あてはまる人を思いうかべておくといいね。

* 真剣にきみの話を聴いてくれそうな人
* とちゅうで話をさえぎらずに最後まで聴いてくれそうな人
* 「つらかったね、話をしてくれてありがとう」と言ってくれそうな人
* きみの感じていることや意見をだいじにして、かってに何かしない人

相談相手がすぐに見つからない時は、匿名（名前は言わない）で、子どもが相談できる相談窓口もあるから利用してみてね。

★ 東京弁護士会子どもの人権110番
　03−3503−0110
　月〜金　13:30〜16:30
　　　　　17:00〜20:00（受付時間19：45まで）
　土　　　13:00〜16:00（受付時間15：45まで）

★ チャイルドライン
　0120−99−7777（フリーダイヤル）
　毎日　午後4時〜午後9時

6章 あなたには「子どもの権利」がある

2．好きなことをさがして、打ちこんでみよう

　勉強や部活など、自分が集中してがんばれることを見つけられると、生活の中で不安を感じる時間が減ったり、手ごたえを感じて、自信を取りもどしたりできます。

　あなたがかかえている家族の問題がなくなるわけではありませんが、自分の中で不安が小さくなったり、自信を取りもどせれば、「なんとかなる」

という前向きな気持ちも少しずつ出てくるでしょう。自信は、勇気を出して、いろんなことにチャレンジするためのエネルギー源なのです。

自信がつくと、がまんしていた自分の気持ちをだれかに話してみようと思えるかもしれません。

3．知りたいことを調べてみよう

これから自分の家族や生活がどうなるのかわからないと、だれでも不安になるし、イライラしたり、自信がなくなったりします。

子どもたちの中には、お父さんとお母さんの仲が悪いのは自分のせいだ、と思ってしまう子もいます。そんなふうに感じたらとてもつらいでしょう。

そんなときは思いきって、お父さんやお母さん、あるいは、おじいさんやおばあさん、親戚の人などに、離婚の原因について、本当のことをきいてみてはどうでしょうか。きっと、あなたのせいではないことがわかりますよ。

そして、悲しいけれど、あなたにはどうすることもできない問題であることも伝えてくれるはずです。お父さんとお母さんの仲が悪いという現実が変わらなくても、「自分にはできることがないのだからしかたないな」と、少し割り切った気持ちになれるかもしれません。

また、あなたが勇気を出して、知りたいことを質問したことで、周りの大人も、あなたが1人で悩んでいたことを知ることができます。

そのほか、養育費や面会交流などについても、あなたが知りたいことはたくさんあると思います。わからないこと・知りたいことを、だれかにき

いたり、自分で調べてみたりすることで、自分の気持ちを落ち着けたり、だれかと相談しながら、新しい解決策を見つけたりすることができるかもしれません。

この本もそんなときに役に立てるかもしれないね。

そうだね。役に立てたらうれしいね。

おわりに（大人のみなさんへ）
家庭の中に子どもの権利を

離婚は誰にも訪れうる人生の課題

　政府の統計によれば、2023年には、47万4717組のカップルが結婚しました。ちなみに、婚姻件数のピークは1972年で109万9984組だそうです。

　これに対して、2023年に離婚したカップルは、18万3808組です。ちなみに、婚姻件数がピークだった1972年の離婚件数は約10万8000組とのこと（離婚に関する統計　1離婚の年次推移（mhlw.go.jp））。

　この数字から、50年前には、離婚するカップルは10組に1組程度だったのに対して、今は、3組に1組以上のカップルが離婚していることがわかります。

　離婚、そして、その後の再婚も、今の時代、私たちの人生の中でめずらしい選択ではなくなってきていると言え、私たち弁護士のもとにも、日々たくさんの離婚に関する相談が寄せられています。

　私たちの人生は一度きりであり、憲法で保障された基本的人権、幸福追求権（憲法13条）は、結婚をしていてもしていなくても、生涯にわたって保障されています。もしも、今の結婚生活の在り方が自分を苦しめるばかりであるならば、離婚を選ぶことも、基本的人権を守るための大切な取り組みであるともいえるでしょう。

　他方で、結婚をすると新しい家族（パートナーや子どもたち）ができます。自分の気持ちだけを追求した行動は、こうした家族の気持ちを置いてきぼりにして、時に傷つけてしまうこともあります。もちろん、多くの親は、子どもたちのことを深く愛していて、自分たちが離婚せざるを得ないとしても、なるべく子どもたちには負担をかけたくないと願っています。

　それでも、家族の形が大きく変わる中で、子どもへの影響は避けられませんし、親だって人間ですから、気持ちに余裕がないときには、十分に子どもの揺れる複雑な気持ちを気づかうことはむずかしいこともあるかもしれません。

子どもたちは、精神的にも経済的にも社会的にもあらゆる面で未成熟であり、両親が不仲である状況を自分のせいであるように感じたり、家族の在り方が変わることに、とまどいと不安を抱いたりします。このような気持ちから、学校生活が乱れたり、不登校に陥る子どもたちもいます。

　それでも、子どもたちは、こうした不安な気持ちを上手に言葉にできずに、親に迷惑をかけたくない、苦しめたくないと思うあまり、親には見えないところで、たくさんのがまんをしているかもしれません。

3つの権利を大切にして、子どもと共に

　親が早く離婚したいと考えていても、子どもがそれを受け入れる準備ができていないという局面を、いったいどのように乗り越えていけばよいのでしょうか。

　この本では、誰にでも保障されている基本的人権の内容をよりわかりやすく、①安心の権利、②自分の価値を実感できる権利、③自分で決め・自分の意思が尊重される権利、に分けて説明しました（第6章）。

　親が離婚をすることは、親の基本的人権を守るうえで必要なことかもしれません。かといって、親の思いだけで突き進むと、子どもたちのこうした大切な権利がないがしろにされてしまうということが起きかねません。

　私たちは、親の離婚という結論は変えられない時でも、子どもたちの①安心の権利、②自分の価値を実感できる権利、③自分で決め・自分の意思が尊重される権利を、大切にすることはできるのではないかと考えています。

　具体的には、両親がいっしょに暮らせなくなったとしても、なるべく子どもたちの成長発達が今まで通り保障されるように話し合っていくことを約束したり、両親は子どものことをとても愛していて、両親の不仲は子どものせいではないとはっきりと伝えることができれば、子どもたちは少し安心感を取り戻し、自分の価値を実感できる状態に回復するかもしれません。

111

また、今、何が起きているのか、それはどうしてなのか、これから
どんなことが起きるのかを、子どもにわかるように説明をすることも、
子どもたちに安心してもらうために役に立つと思います。
　さらに、両親が別々に暮らしていても、子ども自身はそれぞれの親
と自由に交流する権利があることや、裁判所で子ども自身の意見を聴
いてもらうこともできることなど、子どもに保障されている権利を説
明することも大切です。

子どもたちの声を道しるべとして

　子どもの権利について、もう少しひも解いてみましょう。
　子どもの権利条約では、大人たちが、子どもに関する事柄を決める
時の基本的な原則として、子どもの最善の利益を中心に検討すること
を求めています。この考え方は、こども基本法（2022年成立、2023
年施行）でも、3条（基本理念）の4項として取り入れられています。
　親が離婚をするときには、親権をどうするか、別居する親との面会
交流をどうするかなど、まさに子どもに関する事柄を多く扱うので、
子どもの視点に立って、その最善の利益にかなう解決を探す視点が重
要になります。
　ただ、子どもの最善の利益にかなう結論は何なのかは、子どもごと
に違います。どこかの本に答えが書いてあるものでもありません。ケー
ス・バイ・ケースで判断をしていくほかないのです。
　だからこそ、主人公である子どもたちの意見を聴くことが、何より
も大切になります。
　子どもの権利条約12条1項は「締約国は、自己の意見を形成する
能力のある児童がその児童に影響を及ぼすすべての事項について自由
に自己の意見を表明する権利を確保する。この場合において、児童の
意見は、その児童の年齢及び成熟度に従って相応に考慮されるものと
する」としています。
　これは、「子どもの意見表明権」と呼ばれていて、子どもの権利条
約が定めるさまざまな子どもの権利の中でも、とりわけ重要な権利の
1つと位置づけられています。先ほど紹介したこども基本法でも、3

条（基本理念）の３項・４項として取り入れられています。

　意見表明権が大切にされる理由はさまざまありますが、最初の理由は、子どもの最善の利益を確保していくために必要なプロセスだからです。

　誰しも、自分が誰とどこで暮らすべきかなどの自分自身の人生に関わる物事について、自分以外の第三者に勝手に決めてほしくはないでしょう。それは子どもであっても同じです。また、自分の問題については、本人が一番、何が自分にとって良いことなのかを知っている可能性が高いとも言えます。

　だから、何がその子にとって最善なのかを考える時には、まず、その子自身が何を望んでいるのかを、直接確認する機会を設けることが必要なのです。

　もう１つ伝えたいことは、両親が、離婚という大変な状況の中でも、子どもたちの話を聴こうとすれば、子どもたちは、「両親は、ありのままの私を大切にしようとしてくれている」と感じることができるのではないかということです。これは、安心感や自分の価値の実感へとつながることが期待できます。

　つまり、子どもにかかわる大人たちが、子どもの意見を真剣に聴きたいという姿勢を示すことは、それ自体、子どもたちの基本的人権３つの権利を大切にするということになるのです。

　もちろん、私たちにできることには限界があり、子どもたちが教えてくれた意見をすべて実現できるわけではありません。それでも、その意見を受け止めた大人たちが、何ができるかを一生懸命に考えて出した結論であれば、きっと子どもたちの納得感は違ってくるはずです。

　そして、こうした意見表明権の考え方を大切にした親子のコミュニケーションは、親の離婚・再婚という大きな岐路を、親子が共に乗り越えるための土壌を作ります。

　私たち弁護士も、皆さんといっしょに、子どもの最善の利益を探し、実現するお手伝いをしたいと願っています。

（佐藤香代、池田清貴、植田千穂）

民法・家事事件手続法

＊特に表記のないものは「民法」です。本文の頁順に並べました。

▶9頁
（婚姻の届出）
第739条　婚姻は、戸籍法（昭和22年法律第224号）の定めるところにより届け出ることによって、その効力を生ずる。
2　前項の届出は、当事者双方及び成年の証人2人以上が署名した書面で、又はこれらの者から口頭で、しなければならない。

▶13頁
（婚姻適齢）
第731条　男は、18歳に、女は、16歳にならなければ、婚姻をすることができない。

（夫婦の氏）
第750条　夫婦は、婚姻の際に定めるところに従い、夫又は妻の氏を称する。

（同居、協力及び扶助の義務）
第752条　夫婦は同居し、互いに協力し扶助しなければならない。

▶18頁
（婚姻費用の分担）
第760条　夫婦は、その資産、収入その他一切の事情を考慮して、婚姻から生ずる費用を分担する。

▶23頁
（協議上の離婚）
第763条　夫婦は、その協議で、離婚をすることができる。

▶27頁
（離婚又は認知の場合の親権者）
第819条　父母が協議上の離婚をするときは、その協議で、その一方を親権者と定めなければならない。
2　裁判上の離婚の場合には、裁判所は、父母の一方を親権者と定める。
3　子の出生前に父母が離婚した場合には、親権は、母が行う。ただし、子の出生後に、父母の協議で、父を親権者と定めることができる。
4　父が認知した子に対する親権は、父母の協議で父を親権者と定めたときに限り、父が行う。
5　第一項、第三項又は前項の協議が調わないとき、又は協議をすることができないときは、家庭裁判所は、父又は母の請求によって、協議に代わる審判をすることができる。
6　子の利益のため必要があると認めるときは、家庭裁判所は、子の親族の請求によって、親権者を他の一方に変更することができる。

（離婚後の子の監護に関する事項の定め等）
第766条　父母が協議上の離婚をするときは、子の監護をすべき者、父又は母と子との面会及びその他の交流、子の監護に要する費用の分担その他の子の監護について必要な事項は、その協議で定める。この場合においては、子の利益を最も優先して考慮しなければならない。
2　前項の協議が調わないとき、又は協議をすることができないときは、家庭裁

判所が、同項の事項を定める。

3　家庭裁判所は、必要があると認める
ときは、前二項の規定による定めを変更
し、その他子の監護について相当な処分
を命ずることができる。

4　前三項の規定によっては、監護の範囲
外では、父母の権利義務に変更を生じない。

▶32頁
（離婚による復氏等）
第767条　婚姻によって氏を改めた夫又
は妻は、協議上の離婚によって婚姻前の
氏に復する。

2　前項の規定により婚姻前の氏に復し
た夫又は妻は、離婚の日から3箇月以内
に戸籍法の定めるところにより届け出る
ことによって、離婚の際に称していた氏
を称することができる。

（子の氏の変更）
第791条　子が父又は母と氏を異にする
場合には、子は、家庭裁判所の許可を得
て、戸籍法の定めるところにより届け出
ることによって、その父又は母の氏を称
することができる。

2　父又は母が氏を改めたことにより子
が父母と氏を異にする場合には、子は、
父母の婚姻中に限り、前項の許可を得な
いで、戸籍法の定めるところにより届け
出ることによって、その父母の氏を称す
ることができる。

3　子が15歳未満であるときは、その
法定代理人が、これに代わって、前二項
の行為をすることができる。

4　前三項の規定により氏を改めた未成
年の子は、成年に達した時から1年以内
に戸籍法の定めるところにより届け出る
ことによって、従前の氏に復することが

できる。

▶35頁
（扶養義務者）
第877条　直系血族及び兄弟姉妹は、互
いに扶養をする義務がある。

2　家庭裁判所は、特別の事情があると
きは、前項に規定する場合のほか、三親
等内の親族間においても扶養の義務を負
わせることができる。

3　前項の規定による審判があった後事
情に変更を生じたときは、家庭裁判所は、
その審判を取り消すことができる。

（離婚後の子の監護に関する事項の定め等）
第766条　父母が協議上の離婚をすると
きは、子の監護をすべき者、父又は母と
子との面会及びその他の交流、子の監護
に要する費用の分担その他の子の監護に
ついて必要な事項は、その協議で定める。
この場合においては、子の利益を最も優
先して考慮しなければならない。

2　前項の協議が調わないとき、又は協
議をすることができないときは、家庭裁
判所が、同項の事項を定める。

3　家庭裁判所は、必要があると認める
ときは、前二項の規定による定めを変更
し、その他子の監護について相当な処分
を命ずることができる。

4　前三項の規定によっては、監護の範
囲外では、父母の権利義務に変更を生じ
ない。

▶38頁
（財産分与）
第768条　協議上の離婚をした者の一方
は、相手方に対して財産の分与を請求す
ることができる。

2　前項の規定による財産の分与につい

115

て、当事者間に協議が調わないとき、又は協議をすることができないときは、当事者は、家庭裁判所に対して協議に代わる処分を請求することができる。ただし、離婚の時から2年を経過したときは、この限りでない。

3　前項の場合には、家庭裁判所は、当事者双方がその協力によって得た財産の額その他一切の事情を考慮して、分与をさせるべきかどうか並びに分与の額及び方法を定める。

▶45頁
（監護及び教育の権利義務）
第820条　親権を行う者は、子の利益のために子の監護及び教育をする権利を有し、義務を負う。

（子の人格の尊重等）
第821条　親権を行う者は、前条の規定による監護及び教育をするに当たっては、子の人格を尊重するとともに、その年齢及び発達の程度に配慮しなければならず、かつ、体罰その他の子の心身の健全な発達に有害な影響を及ぼす言動をしてはならない。

（居所の指定）
第822条　子は、親権を行う者が指定した場所に、その居所を定めなければならない。

（職業の許可）
第823条　子は、親権を行う者の許可を得なければ、職業を営むことができない。

2　親権を行う者は、第六条第二項の場合には、前項の許可を取り消し、又はこれを制限することができる。

（財産の管理及び代表）
第824条　親権を行う者は、子の財産を管理し、かつ、その財産に関する法律行為についてその子を代表する。ただし、その子の行為を目的とする債務を生ずべき場合には、本人の同意を得なければならない。

▶67頁
（裁判上の離婚）
第770条　夫婦の一方は、次に掲げる場合に限り、離婚の訴えを提起することができる。

一　配偶者に不貞な行為があったとき。
二　配偶者から悪意で遺棄されたとき。
三　配偶者の生死が3年以上明らかでないとき。
四　配偶者が強度の精神病にかかり、回復の見込みがないとき。
五　その他婚姻を継続し難い重大な事由があるとき。

▶70頁
（離婚後の子の監護に関する事項の定め等）
第776条　父母が協議上の離婚をするときは、子の監護をすべき者又は子の監護の分掌、父又は母と子との交流、子の監護に要する費用の分担その他の子の監護について必要な事項は、その協議で定める。この場合においては、子の利益を最も優先して考慮しなければならない。

2　前項の協議が調わないとき、又は協議をすることができないときは、家庭裁判所が、同項の事項を定める。

3　家庭裁判所は、必要があると認めるときは、前二項の規定による定めを変更し、その他子の監護について相当な処分

を命ずることができる。

4　前三項の規定によっては、監護の範囲外では、父母の権利義務に変更を生じない。

（協議上の離婚の規定の準用）
第771条　第766条から第769条までの規定は、裁判上の離婚について準用する。

【家事事件手続法】

第65条　家庭裁判所は、親子、親権又は未成年後見に関する家事審判その他未成年者である子（未成年被後見人を含む。以下この条において同じ。）がその結果により影響を受ける家事審判の手続においては、子の陳述の聴取、家庭裁判所調査官による調査その他の適切な方法により、子の意思を把握するように努め、審判をするに当たり、子の年齢及び発達の程度に応じて、その意思を考慮しなければならない。

▶81頁
（未成年者を養子とする縁組）
第798条　未成年者を養子とするには、家庭裁判所の許可を得なければならない。ただし、自己又は配偶者の直系卑属を養子とする場合は、この限りでない。

（15歳未満の者を養子とする縁組）
第797条　養子となる者が15歳未満であるときは、その法定代理人が、これに代わって、縁組の承諾をすることができる。

2　法定代理人が前項の承諾をするには、養子となる者の父母でその監護をすべき者であるものが他にあるときは、その同意を得なければならない。養子となる者の父母で親権を停止されているものがあるときも、同様とする。

（養子の氏）
第810条　養子は、養親の氏を称する。ただし、婚姻によって氏を改めた者については、婚姻の際に定めた氏を称すべき間は、この限りでない。

（親権者）
第818条　成年に達しない子は、父母の親権に服する。

2　子が養子であるときは、養親の親権に服する。

3　親権は、父母の婚姻中は、父母が共同して行う。ただし、父母の一方が親権を行うことができないときは、他の一方が行う。

▶85頁
（協議上の離縁等）
第811条　縁組の当事者は、その協議で、離縁をすることができる。

2　養子が15歳未満であるときは、その離縁は、養親と養子の離縁後にその法定代理人となるべき者との協議でこれをする。

3　前項の場合において、養子の父母が離婚しているときは、その協議で、その一方を養子の離縁後にその親権者となるべき者と定めなければならない。

4　前項の協議が調わないとき、又は協議をすることができないときは、家庭裁判所は、同項の父若しくは母又は養親の請求によって、協議に代わる審判をする

ことができる。

5　第二項の法定代理人となるべき者が
ないときは、家庭裁判所は、養子の親族
その他の利害関係人の請求によって、養
子の離縁後にその未成年後見人となるべ
き者を選任する。

6　縁組の当事者の一方が死亡した後に
生存当事者が離縁をしようとするときは、
家庭裁判所の許可を得て、これをするこ
とができる。

（裁判上の離縁）
第814条　縁組の当事者の一方は、次に
掲げる場合に限り、離縁の訴えを提起す
ることができる。

一　他の一方から悪意で遺棄されたとき。

二　他の一方の生死が３年以上明らかで
ないとき。

三　その他縁組を継続し難い重大な事由
があるとき。

2　第770条第二項の規定は、前項第一
号及び第二号に掲げる場合について準用
する。

著者プロフィール

佐藤香代（さとう かよ）　2004年弁護士登録。法律事務所たいとう代表弁護士。養護教諭を母にもち、学校問題に関心を抱く。2012年に日本社会事業大学（専門職大学院）に進学し、福祉の視点を学ぶ。共著に『Q＆A学校事故対策マニュアル』『Q＆A子どものいじめ対策マニュアル』（明石書店）、『弁護士と精神科医が答える　学校トラブル解決Q＆A』『いじめ防止法　こどもガイドブック』（子どもの未来社）など。『週刊教育資料』にコラム「教育法律相談」執筆中。

池田清貴（いけだ きよたか）　2000年に弁護士登録。専門は家族法分野、租税法分野、中小企業法務など。長らく子どもの手続代理人など子どもの権利保障の活動に従事。児童福祉分野における「子どもアドボケイト」の導入に関して厚生労働省のワーキングチーム構成員、2024年民法改正（離婚後共同親権の導入など）に関して法制審議会家族法制部会委員を勤めた。くれたけ法律事務所。

植田千穂（うえだ ちほ）　2022年弁護士登録。発達障害をもつ弟の影響から、子どもや障害等の問題に関心を抱く。「あなたの毎日に、安心・自信・自由を」をスローガンに、司法と福祉の接点を目指す姿勢に共感し、2023年12月法律事務所たいとう入所。離婚を含む家事事件・一般民事事件等のほか、いじめ、未成年後見、子どもが関わる刑事事件等、子どもにまつわる事件に取り組みつつ、修行の日々を送る。第一東京弁護士会子ども法委員会委員、同会成年後見に関する委員会委員。

イラスト／まえだたつひこ（前田達彦）　イラストレーター、ガムラン奏者。イラストを担当した本に『達人になろう！　お金をかしこく使うワザ』『いじめ防止法　こどもガイドブック』『こども基本法　こどもガイドブック』（子どもの未来社）、『ワニブタ　子どもの権利絵本① ② ③ 』（Art31）、「国連こどもの権利条約第31条カレンダー」イラスト・編集を担当。中田音楽にパーカッションで参加。

装丁・本文デザイン／稲垣結子（ヒロ工房）
編集／堀切リエ

親の離婚・再婚 こども法律ガイド

2024年12月1日　第1刷印刷
2024年12月1日　第1刷発行

著者　　　佐藤香代、池田清貴、植田千穂

発行者　　奥川 隆

発行所　　子どもの未来社
　　　　　〒101-0052
　　　　　東京都千代田区神田小川町3-28-7-602
　　　　　TEL 03-3830-0027　FAX 03-3830-0028
　　　　　E-mail：co-mirai@f8.dion.ne.jp
　　　　　http://comirai.shop12.makeshop.jp/

振　替　　00150-1-553485

印所・製本　シナノ印刷株式会社

©2024　Sato Kayo, Ikeda Kiyotaka, Ueda Chiho Printed in Japan
ISBN978-4-86412-434-8
C8037　NDC370　128頁　21cm×14.8cm

＊乱丁・落丁の際はお取り替えいたします。
＊本書の全部または一部の無断での複写（コピー）・複製・転訳載および磁気または光記録媒
　体への入力等を禁じます。
　複写を希望される場合は、小社著作権管理部にご連絡ください。

子どもの未来社の本

こども基本法を知って活かそう！
こども基本法
こどもガイドブック

「こども基本法」「子どもの権利って何？」「権利が守られていなかったら」「権利を使うには」を弁護士と専門家が楽しく解説。●小学校中学年〜

編／FTCJ　絵／まえだたつひこ
著／平尾潔、甲斐田万智子、出野恵子、中島早苗、平野裕二
本体：1500円＋税／128頁／A5判・並製　ISBN978-4-86412-428-7

いじめを止める法律がある！
いじめ防止法
こどもガイドブック

「いじめ防止法」をわかりやすく解説し、いじめに関わる子どもたちへ弁護士が的確なアドバイス。子どもはもちろん大人も必見。●小学校中学年〜

著／佐藤香代、三坂彰彦、加藤昌子
絵／まえだたつひこ
本体：1500円＋税／144頁／A5判・並製　ISBN978-4-86412-240-5

世界中で読まれている子どもの権利ガイド
あなたの権利を知って使おう
子どもの権利ガイド

世界最大の国際人権NGOアムネスティ・インターナショナルと俳優のアンジェリーナ・ジョリー、弁護士がつくった本。子どもの権利と、その使い方がよくわかる！ 世界で活動する子どもや若者たちがたくさん登場。●小学校高学年〜

著／アムネスティ・インターナショナル、
　　アンジェリーナ・ジョリー、
　　ジェラルディーン・ヴァン＝ビューレン
訳／上田勢子
本体：1800円＋税／280頁／A5変判・並製　ISBN978-4-86412-429-4

マララ・ユスフザイさん
グレタ・トゥーンベリさん　推薦！

映画にもなった法律家RBGの伝記絵本

わたしは反対！
社会をかえたアメリカ最高裁判事 ルース・ベイダー・ギンズバーグ

アメリカ最高裁判事ルース・ベイダー・ギンズバーグ（RGB）は、差別されている人たちを一貫して支え、納得できないことに反対の声をあげつづけ、社会を変えていきました。●幼児〜

文／デビー・リヴィ　絵／エリザベス・バドリー
訳／さくまゆみこ
本体：1800円＋税／40頁／A4変判・上製　ISBN978-4-86412-226-9

SLA2023「えほん50」選出
「JBBYおすすめ！世界の子どもの本2023」選定

NASAで活躍した女性の伝記絵本

わたしにまかせて！
アポロ13号をすくった数学者 キャサリン・ジョンソン

黒人や女性差別が色濃く残る時代にNASAで数学者として働き、宇宙飛行士が乗った故障したアポロ13号を宇宙から奇跡の生還に導いたキャサリン・ジョンソンの伝記絵本です。●幼児〜

文／ヘレーン・ベッカー　絵／ダウ・プミラク
訳／さくまゆみこ
本体：1800円＋税／34頁／AB変判・上製　ISBN978-4-86412-244-3

世界中の赤ちゃんの命を救った医師の伝記絵本

わたしはみつけた！
バージニア・アプガー博士の 赤ちゃんの命をすくう発明

生まれたばかりの赤ちゃんの健康状態をチェックする「アプガースコア」を発明した麻酔科医、バージニア・アプガーの伝記絵本です。●幼児〜

文／キャリー・A・ピアソン　絵／ナンシー・カーペンター
訳／さくまゆみこ
本体：1800円＋税／40頁／AB変判・上製　ISBN978-4-86412-433-1

子どもの未来社の本

子どもの居場所を考えるきっかけに

シッゲのおうちはどこ？

ある日、知らない大人が家にやってきて、シッゲと母親を別々の場所に連れていきます。シッゲは里親に引き取られ、成長していきます。ネグレクトや里親制度などを背景に、子どもの心の動きを丁寧に伝える絵本。●幼児～

協力／セーブ・ザ・チルドレン・ジャパン
作／スティーナ・ヴィルセン、セーブ・ザ・チルドレン・スウェーデン
訳／きただい えりこ
本体：1700円＋税／60頁／A5変判・上製　ISBN978-4-86412-427-0

戦争が引き起こす問題を伝える絵本

シッカとマルガレータ
戦争の国からきたきょうだい

戦争を逃れ、家族と離れて平和の国へひとり旅立つシッカ。むかえる家族にはマルガレータという同じ年頃の女の子がいて、ふたりは反発しあいながらこころを通わせていく……。●小学校中学年～

作／ウルフ・スタルク　絵／スティーナ・ヴィルセン
訳／きただい えりこ
本体：1700円＋税／42頁／AB変判・上製　ISBN978-4-86412-234-4

ありのままの自分を探すきっかけに！

レッド　アメリカ図書館協会レインボーリスト選定
あかくてあおいクレヨンのはなし

青いクレヨンなのに、赤いラベルをはられてしまったレッドは、赤くぬるのが苦手。ほかのクレヨンたちは「がんばればできる」というけれど……。
●幼児～

作／マイケル・ホール
訳／上田勢子
本体：1500円＋税／40頁／B5判・上製　ISBN978-4-86412-116-3

みんなの知りたいことがここにある!
LGBTなんでも聞いてみよう
中・高生が知りたいホントのところ

男の人がカッコイイと思うのはゲイだから?
同性愛って、思春期の一時的な気の迷い?
彼氏から「女の子になりたい」と言われてびっくり!?
など。

♥中高生から実際に出た質問に答えるQ&A方式。
♥コラムで基礎知識も身につく。
♥当事者はもちろん、周囲の人の理解に役立つ。
♥学校図書館・保健室・相談室等に必携。
♥相談先一覧付き。●小学校中学年〜

大好評ロングセラー!!
それが聞きたかった!
そこが知りたかった!

著/QWRC & 德永桂子
本体／1300円＋税／128頁／A5判／並製　ISBN978-4-86412-112-5

若者が性的同意を知るためのコミック
考えたことある?　性的同意
知らないってダメかも

学校の帰り道、「新入生がレイプされた」と聞いた女子グループは、「同意」があったのか、「同意」とは何かを話すうちに、恋人との関係に話がおよびワイワイ。そこへ男子グループが加わって……。

問題点を投げかけ、考えられる構成で、教材や学習会にも最適。巻末に「考えるポイント」「用語解説」「相談先」を掲載。●中学生〜

作/ピート・ワリス＆タリア・ワリス
絵/ジョセフ・ウィルキンズ
訳/上田勢子　監修/水野哲夫
本体／1400円＋税／68頁／A5変判・並製　ISBN978-4-86412-201-6

子どもの未来社の本

子どもたちのお守りになる本
あなたが学校でしあわせに生きるために
子どもの権利と法律手帳

学校で自分らしく生きるために、弁護士が子どもの権利と法律の面からアドバイス。各章のテーマは「しあわせに生きる権利」「いじめ」「不登校」「校則」「体罰」「性の多様性」「ともだち」。Ｑ＆Ａ方式で読みやすい。●小学校高学年〜

著／平尾 潔
本体：1500円＋税／144頁／A5変判・並製　ISBN978-4-86412-431-7

だれもが安心して生きられる社会をめざして
全身マヒのALS議員 車いすで国会へ
命あるかぎり道はひらかれる

全身マヒの舩後靖彦さんは、なぜ国会議員をめざしたのか。舩後さんの人生から、だれもが安心できる社会を考えます。●小学校中学年〜

著／舩後靖彦、加藤悦子、堀切リエ
本体：1500円＋税／32頁／B5判・上製　ISBN978-4-86412-185-9

不可能を可能にかえる奇跡のロボットの物語
オリヒメ
人と人をつなぐ分身ロボット

JBBY「日本の子どもの本2004」選定

なぜ分身ロボットは生まれたのか。吉藤オリィさんの生い立ちから写真と文でその軌跡を追う。分身ロボットカフェ誕生秘話も紹介。●小学校中学年〜

著／吉藤オリィ　文／加藤悦子
本体：1500円＋税／32頁／B5判・上製
ISBN978-4-86412-227-6

本と読書の魅力を再発見できる美しい絵本
ほん book

本の世界に飛んでいき、本と読書の魅力を発見する美しい絵本。本は想像の世界を無限に広げ、知識を広く深く耕すこともできます。
●幼児〜

作／デイビッド・マイルズ　絵／ナタリー・フープス
訳／上田勢子、堀切リエ
本体：1600円＋税／32頁／AB判／上製　ISBN978-4-86412-225-2

鳥のびっくりエピソードが満載の科学読物
おもしろ生き物研究
オドロキいっぱい鳥の世界 シリーズ

身近な野鳥から世界の珍鳥まで、生態を写真やイラストで楽しく紹介します。

文／柴田佳秀　絵／マツダユカ
●小学校中学年〜

カラスのジョーシキってなんだ？
厚生労働省社会保障審議会特別推薦
知られざるカラスの生活を紹介！
本体：1400円＋税／144頁／A5判・並製
ISBN978-4-86412-132-3

おしえてフクロウのひみつ
フクロウの生態や伝説が楽しくわかる！
本体：1400円＋税／144頁／A5判・並製
ISBN978-4-86412-153-8

世界のヘンテコ鳥大集合
あっとおどろく世界の鳥たちがせいぞろい！
本体：1500円＋税／160頁／A5判・並製
ISBN978-4-86412-165-1